« Lors de la Summer Edition 2016, enceinte jusqu'aux dents, j'ai eu tellement de contractions que j'ai cru que j'allais accoucher sur place, mais je ne voulais pas rater la fin de la projection ! Au final, j'ai bien fait de ne pas partir, mon fils a décidé de rester au chaud encore un peu. » Manon

« Un vertige puis le silence… Le rideau tombe sur Manon & Cyril – c'est le signe de la fin de soirée ! La fin ? Que dis-je : le début ! L'heure de passer de la réalité au rêve, de débriefer de la soirée dans un café du coin, et de déjà esquisser les projets déjantés des 4 saisons à venir en montagne : ski, raquette, rando, vélo… Voilà comment vous avez contribué à faire vivre notre amitié depuis plus de 10 ans. » Yann et Valérie

L'AUTEUR

Cyril Salomon est le cofondateur de Montagne en Scène. Résidant à Paris, c'est grâce à un vieux chalet familial situé au cœur du Beaufortain qu'il tombe amoureux de la montagne. Ski de rando l'hiver, ski de pente raide au printemps, escalade et alpinisme l'été, il pratique la montagne en toutes saisons, si possible dans ses versants les plus sauvages. À vingt-trois ans, il gravit le Cho Oyu, sixième plus haut sommet du monde à 8200 mètres, sans oxygène. Un an plus tard, alors qu'il termine son cursus à HEC par le master Entrepreneurs, il décide de partager sa passion pour les films de montagne avec le plus grand nombre en créant Montagne en Scène, qui fête ses dix ans en 2023. Toujours aussi passionné, Cyril partage désormais son temps entre Paris, Fontainebleau et le Beaufortain, qu'il ne se lasse pas d'arpenter en long en large et en travers !

SOMMAIRE

Préambule 3
Préface 11

Ski de pente raide
Marco Siffredi 14
Vivian, le vieux sage 20
La liste de Jérémie Heitz 26
Zabardast. Entre copains au Pakistan 28
Les vagabonds du Logan 34
Tiphaine & Boris. Skier à plus de 8000 mètres 38

Alpinisme
Liv along the way 50
Kilian Jornet. Summits of my life 56
Charles Dubouloz, en solitaire aux Jorasses 60
À l'ombre du Chamlang 68
Meru, une histoire d'amitié & de mentors 74
Seb Montaz en scène ! 80
Hivernales à 8000 mètres 82
On ne marche qu'une fois sur la Lune 88
Riso Patron. Une équipe en or 96

Escalade
Patrick Edlinger, la vie au bout des doigts 106
Chris Sharma / Adam Ondra. La Dura Dura 112
Girl Power (A. Shiraishi, M. Hayes, J. Chanourdie) 118
David Lama. A Snowball's Chance in Hell 124
Alex Honnold au Fitz et en solo 130
Sean Villanueva & Nicolas Favresse 136

Dans les airs
Révolution parapente 150
Flying Frenchies 156

Voyage au long cours
Chamonix-Zermatt express 164
Dod Tour 170
The Great Alone 176
Blutch ou la démesure 180
Eliott Schonfeld sur les chemins du dépouillement 186

10 MONTAGNE EN SCENE

Dix ans d'aventures sur les plus belles montagnes du monde

CYRIL SALOMON

Glénat

SCARPA

Préambule

Manon Grimwood & Cyril Salomon

Dix ans ! Un sacré cap pour le festival Montagne en Scène, dont la première édition a eu lieu le 25 mars 2013 au Grand Rex à Paris. Un festival qui nous a apporté tant de joie et nous aura fait vivre tant de rencontres inoubliables. Vingt éditions, près de cent films, et des centaines de sportifs et de sportives qui nous ont fait vibrer, pleurer, rire et rêver à travers leurs exploits. Ce livre a pour objectif de (re)vivre les aventures les plus marquantes que nous avons eu l'honneur de partager à Montagne en Scène. Comme il était malheureusement impossible de traiter chacun des sujets, nous avons dû opérer une sélection drastique, laissant de côté des histoires que nous avions pourtant adoré partager ! Ce livre, c'est avant tout le reflet de notre passion pour la montagne. Une passion multiple, qui se vit à l'année, skis, chaussons ou chaussures aux pieds. Se replonger dans ces histoires a été pour nous un immense plaisir, et on espère que vous en prendrez autant à les lire et les (re)découvrir !

En parlant d'histoires, revenons brièvement sur celle de Montagne en Scène. Tout part de notre rencontre sur les bancs du master Entrepreneurs à HEC.

Cyril a la montagne dans la peau et ce, depuis des générations. Sa famille est adepte de montagne et la pratique en toute saison. Son camp de base se trouve dans le Beaufortain, à Hauteluce, où son arrière-grand-père s'était réfugié pendant la guerre dans des fermes typiques du coin. Polyvalent, il pratique l'escalade, l'alpinisme, le ski de pente raide, le ski de randonnée, le ski freeride, la randonnée contemplative. Fait d'armes, il a gravi à vingt-quatre ans et sans oxygène le Cho Oyu (8 201 m), l'un des quatorze 8000 que compte notre planète.

Manon, elle, pratique la montagne dès son plus jeune âge de manière plus classique, ski de piste l'hiver et randonnée l'été ! Son camp de base : Méribel, dans les 3 Vallées, où ses grands-parents ont acheté un appartement au démarrage de la station. Cyril lui fait découvrir son monde de la montagne à lui : elle se prend de passion pour l'alpinisme et le ski de randonnée et ne tarde pas à le semer à la montée (mais pas encore à la descente !). À son palmarès, le mont Blanc à ski, Bionnassay-mont Blanc, l'Ober Gabelhorn ou encore Chamonix-Zermatt.

En 2012, alors que nous venions de nous mettre en couple, nous assistons à une conférence sur les salons. Nous réalisons assez vite que s'il existe un salon de l'agriculture et un salon nautique, il n'existe pas de salon de la montagne. Notre projet de fin d'étude sera donc de réfléchir au lancement d'une telle manifestation ! Après quelques mois de recherches et de prises de contacts, nous faisons évoluer le concept vers un festival de films. Depuis le début, nous avions envisagé d'installer un vaste espace de projection de films au centre de l'événement. Nous avions donc contacté Yves Exbrayat, l'organisateur des Rencontres du cinéma de montagne de Grenoble. Cet événement, qu'il avait créé quinze ans auparavant, réunissait désormais trois mille personnes par soir pendant une semaine ! Une soirée de partage autour de films de montagne en présence des protagonistes. Biberonnés depuis des années aux films de Patrick Edlinger, dévorant avec appétit les films d'expé des Piolets d'or, nous ne pouvions que nous lamenter qu'une telle soirée ait lieu à Grenoble et non à Paris. Nous avons donc soumis l'idée à Yves Exbrayat de nous aider à organiser la version parisienne.

Totalement inconscients, nous avons commencé par louer le plus grand cinéma du monde, le Grand Rex ! Presque trois mille places à remplir alors que nous n'avions pas de budget communication... Commence une période de doutes et de mauvais rêves de présentation devant une salle vide... Heureusement, il faut croire que nous n'étions pas les seuls Parisiens en manque de montagne, et le bouche-à-oreille s'est révélé exceptionnel ! Nous n'en revenions pas quand nous avons vu que la queue à l'extérieur faisait plusieurs centaines de mètres le jour J...

Cette première édition a bien donné le ton au niveau de la philosophie de notre programmation. De la créativité et une touche musicale unique avec le film *Rock'in Cuba* de Vlad Cellier. Une belle expé entre potes pour Dimitri Messina et Maël Baguet dans *Siguniang*. De l'adrénaline et de l'amitié avec Seb Montaz et les Flying Frenchies dans *I Believe I Can Fly*. De l'émotion et de la solidarité avec *Nat'n'Co* de Nicolas Hairon et Olivier Alexandre. Et pour finir, de l'humour et une aventure exceptionnelle pour Sean Villanueva, Nicolas Favresse, Jean-Louis Wertz et Stéphane Hanssens dans *Venezuela Jungle Jam*. Cette édition donne aussi le ton en termes d'ambiance, avec un accueil exceptionnel pour chacun des protagonistes !

Suite à cette première réussie, on s'est interrogé sur la suite à donner à cette aventure. Une semaine après le Grand Rex, c'est en itinérance sur la mythique Haute Route de Chamonix-Zermatt que la réflexion fait son chemin. Montagne en Scène, ce sera désormais deux fois par an et dans plusieurs villes de France. Si les Parisiens sont en manque de montagne, pourquoi pas les Lillois, les Toulousains ou les Marseillais ?

La première tournée est plutôt « roots ». On embarque Vivian Bruchez pour qu'il intervienne sur les premières dates, mais le monospace que l'on a emprunté la veille tombe en panne au bout de 200 kilomètres ! Ne pouvant pas se payer l'hôtel, on dort à droite à gauche chez des amis et même directement sur le sol du monospace sur un parking de Buoux !

Au fil des éditions, le festival se professionnalise et, année après année, la tournée a grandi. En 2015, nous avons lancé Montagne en Scène en Belgique et en Suisse. En 2016, c'est au UK que « Mountains on Stage » s'installe. L'Allemagne, l'Italie, l'Espagne, les pays scandinaves, la République tchèque vont suivre, avant une expansion vers les États-Unis et le Canada en 2022. En 2023, le festival est présent dans deux cents villes, vingt pays et touche à l'année 200 000 spectateurs ! Un développement rendu possible par l'incroyable équipe que nous avons recrutée au fil des années, mais aussi par des bénévoles qui nous ont aidés sur chacun des événements que nous avons organisés… Merci à tous !

À chaque édition, l'exigence de qualité reste la même. Trouver la plus belle photo du monde pour l'affiche, et une musique de folie pour la bande-annonce que l'on crée avec le réalisateur Mathieu Rivoire ! Toutes ces éditions du festival ont été aussi l'occasion de vivre des moments forts sur scène. En 2016, nous organisons la rencontre entre Kilian Jornet et Alex Honnold au Grand Rex. Entre ces deux champions, le respect est immense et l'envie de contribuer à la protection de la planète commune. Alex donne déjà un tiers de ses revenus à sa fondation afin de faciliter l'installation de panneaux solaires, quand Kilian songe déjà à créer la sienne… Une rencontre qui sera déterminante dans notre envie de créer une fondation !

Côté sportif, on a aussi pu assister à de belles performances en direct. En 2017, Julien Irilli gonfle son parapente sur scène et parvient à faire le tour de la salle. En 2019, Vivian Bruchez nous soumet l'idée de construire un module sur scène pour pouvoir faire une démo de ski de pente raide. Bloqué dans les bouchons, le prestataire arrive en retard, et le montage de ce monstre de six mètres de haut a lieu derrière un rideau pendant que les spectateurs s'installent. Vivian n'a pas eu le temps de faire d'essais, et c'est en *live* qu'il a testé pour la première fois la glisse sur le module ! Grand moment d'émotion mais aussi de stress. À six mètres de haut, sans tapis de protection, la chute était interdite !

Certaines éditions ont été plus chargées en émotions que d'autres. En 2015, les terribles attentats de Paris ont eu lieu trois jours avant le lancement de Montagne en Scène au Palais des Congrès. Après cette horreur, et vu le climat de tension, pouvions-nous maintenir la soirée ? En accord avec la salle, nous avons finalement décidé de ne pas reporter l'événement. Si le rôle de Montagne en Scène est de proposer une soirée d'évasion et d'espoir, alors il était plus important que jamais de ne pas baisser le rideau…

Lors de cette même soirée, nous avons constaté avec stupéfaction qu'une partie du public ne résistait pas aux images de la blessure de Renan Ozturk dans le film *Meru*. Juste après sa fracture ouverte du crâne, ce ne sont pas moins de huit personnes qui se sont évanouies simultanément ! D'un seul coup, les stands des partenaires se sont transformés en lits de fortune pour allonger les souffrants, aidés par un service de sécurité débordé !

Heureusement, Montagne en Scène ne provoque pas que des maux de tête ! À travers les éditions, nous avons reçu de nombreux témoignages de projets qui sont nés suite au festival. À Lyon, un couple est même venu nous annoncer leur mariage suite à leur rencontre un an plus tôt à Montagne en Scène ! D'autres nous ont confié avoir démissionné peu de temps après la soirée pour lancer le projet de leur rêve, inspirés par les hommes et les femmes qu'ils avaient vus à l'écran.

Pendant ces dix ans, nous avons aussi malheureusement vu disparaître certains des alpinistes que nous avions accueillis sur scène. C'est le cas de Dimitri Messina, Tancrède Melet, Ueli Steck, David Lama et Pierre Labbre. Certains étaient devenus des amis. Tous nous avaient marqués par leur gentillesse, leur humour, leur énergie.

Ces disparitions nous ont guidés vers la création de la fondation Montagne en Scène. Nous qui partagions leurs aventures magnifiques mais risquées, nous nous devions de les aider en cas de coup dur. L'un des trois piliers de notre fondation est de contribuer à aider les familles des professionnels de la montagne en cas d'accident, et de financer des projets qui peuvent améliorer la sécurité en montagne. Les deux autres causes que nous avons choisi de soutenir sont la protection de l'environnement et les projets œuvrant pour une plus grande diversité des publics se rendant en montagne. Placée sous égide de la fondation de France, qui s'assure que les projets soient bien d'intérêt général, la fondation Montagne en Scène a déjà soutenu vingt projets, pour un total de 70 000 €. Avis aux amateurs, il est possible d'amplifier le mouvement en faisant un don à la fondation via le site de Montagne en Scène !

Et pour la suite ?

Après dix ans à organiser le festival, on ne peut que souhaiter en reprendre pour au moins dix ans de plus ! Lancement d'un podcast; production d'un film sur un méga circuit de cent 7a grimpés à la journée à Fontainebleau par Seb Berthe et Hugo Parmentier; réalisation d'un documentaire sur les projets de Benjamin Védrines… Les idées ne manquent pas !

Au fil des éditions, Montagne en Scène va continuer de refléter l'évolution des pratiques et des mentalités. Ces dernières années, de plus en plus de films mettant à l'honneur des femmes nous ont été proposés. Ce sont même des femmes qui ont gagné trois des quatre derniers prix du public ! Une évolution salutaire qui reflète de mieux en mieux la parité presque parfaite du public de Montagne en Scène !

Conséquence de la prise de conscience environnementale, de plus en plus de films mettent en avant une mobilité douce. Vivian Bruchez, Seb Montaz et Mathieu Navillod partant à vélo pour skier les « Diamants des Alpes ». Seb

Berthe, Soline Kentzel et tout l'équipage du *Samsara* se refusant à prendre l'avion rejoignent l'Amérique à la voile pour tenter le *Dawn Wall*, la grande voie la plus dure du monde, située au Yosemite.

Sur scène, lors de la dernière édition, Benjamin Védrines nous confiait même vouloir tenter le K2 en partant de chez lui à vélo… Si le respect de la planète va de pair avec un renouvellement de l'esprit d'aventure, les aventuriers de demain n'ont pas fini de nous faire rêver !

**Bonne lecture,
et on espère à bientôt
à Montagne en Scène !**

↑ Seb Montaz
et toute l'équipe
du festival.

2013

2014

2016

2018

2019

2021

2022

2015

17

2020

2023

↑ Vivian Bruchez sur un module de
6 mètres de haut, incliné à 45 degrés,
dans la Cité internationale de Lyon.

Préface

Vivian Bruchez

Je me souviens de notre première rencontre il y a dix ans à Chamonix lors d'un stage vidéo organisé par Seb Montaz. « À quand un film de pente raide ? » me lance Cyril. Cela me surprend, car à cette époque personne ne me connaît pour ma passion pour les virages dans le pentu.

Le souhait initial de Cyril Salomon et Manon Grimwood était d'apporter la montagne en ville et en dix ans on peut dire qu'ils ont réussi leur pari tant Montagne en Scène est devenu LA référence !

C'est pour nous, athlètes, guides de haute montagne, aventuriers, un super moyen de transmettre nos passions et de partager avec le public. J'ai eu la chance de faire trois tournées avec Montagne en Scène avec, à chaque fois, son lot de rencontres et d'anecdotes.

En 2013, avec le film *T'es pas bien là ?*, c'était bien roots. On dormait à droite, à gauche chez des amis de Cyril, et le vieux 806 de son oncle est tombé en panne au bout de 300 kilomètres… Lors des soirées, il n'était pas rare qu'on donne un coup de main pour la mise en place et l'accueil du public. Une belle occasion de rencontrer l'équipe et les bénévoles ! Sur scène, je n'étais pas très à l'aise. Grand moment de solitude lorsqu'il a fallu faire face au public de près de 3000 personnes au Grand Rex ! J'ai progressé en présentation depuis, et j'y prends aujourd'hui beaucoup de plaisir.

En 2018, lors d'une tournée projetant mon deuxième film, *Entre les lignes*, j'ai souhaité amener le ski sur scène, en proposant un module de pente raide. L'équipe du festival a tout de suite validé l'idée et m'a permis de réaliser des virages sur scène ! Il fallait être audacieux et me faire confiance pour croire en ce projet, d'autant que pour la première, on a construit un monstre de 6 mètres de haut sans protection pour amortir en cas de chute. Skier face à 3000 personnes restera gravé dans ma mémoire de skieur !

Au-delà de permettre à des films d'exister, ce festival permet à des athlètes de se révéler. Longue vie à Montagne en Scène !

Chapitre 01

Ski de pente raide

Le ski est sans doute le sport le plus demandé par le public de Montagne en Scène. Porte d'entrée de la montagne pour des millions de personnes, il se décline dans des disciplines radicalement différentes, de la piste à la pente raide, du freestyle au freeride. À Montagne en Scène, notre préférence va vers la montagne sauvage et vers les pentes qui penchent au-delà du raisonnable. Ce *ski extrême*, désormais plutôt appelé *ski de pente raide* par souci de sobriété, fait appel à toutes les facettes du montagnard. Alpinisme à la montée, créativité dans la recherche d'itinéraire, engagement... Car là est sans doute la définition de cette pratique : l'interdiction de tomber, sous peine de « finir en pizza en bas », pour reprendre les mots de Marco Siffredi. Comme en solo en escalade, « si tu tombes c'est la chute, et si tu chutes c'est la tombe... » Avec de tels préceptes, on pourrait s'attendre à une culture morbide, peuplée de skieurs trompe-la-mort et torturés. Pourtant, de Vivian Bruchez à Jérémie Heitz en passant par Victor de Le Rue ou Hélias Millerioux, l'ambiance générale est plutôt celle d'un plaisir partagé entre copains. Une activité intense, où le maître-mot est de ne pas se prendre trop au sérieux, au risque de se faire rappeler à l'ordre par la montagne elle-même.

Cette culture a été largement façonnée par Marco Siffredi à travers le film culte de Bertrand Delapierre, *Marco étoile filante*. À Chamonix comme au sommet de l'Everest, Marco savait tout faire. De grands virages en jouant avec le *sluff*, jusqu'aux petits virages sautés sur de la glace en béton armé. Sa pratique décomplexée a fait des émules.

Là où Pierre Tardivel lui disait que malheureusement tout avait déjà été fait dans le massif du Mont-Blanc, Vivian Bruchez répond en ouvrant en dix ans près de cent nouveaux itinéraires !

En grandes courbes à l'Ober Gabelhorn, Jérémie Heitz démontre quant à lui que pente raide ne rime pas uniquement avec virages sautés, et qu'avec les bonnes conditions, presque toutes les pentes peuvent se descendre à près de 100 km/h.

Loin du massif du Mont-Blanc, le ski est aussi un formidable prétexte pour partir explorer des montagnes lointaines et sauvages. Un périple de 600 kilomètres avec 85 kilos de matériel chacun, c'est le prix à payer pour Hélias Millerioux, Thomas Delfino et Alexandre Marchesseau, partis skier l'arête est du mont Logan.

Du ski au-dessus de 8000 mètres pour Boris Langenstein, Tiphaine Duperier, Aurélia Lanoë et Guillaume Pierrel au Gasherbrum II.

Du ski sur les plus belles montagnes du monde, au cœur du Karakoram, pour l'équipe de *Zabardast*. Un voyage de plusieurs mois, quelques minutes de descente et des souvenirs pour toute une vie. Comme l'a dit Pierre Tardivel, « l'extrême, pour vivre plus intensément les cadeaux de la nature » !

← Jim Morrison dans le couloir Jager, Chamonix.

Marco

SNOWBOARD

LÉGENDE

PENTE RAIDE

Qu'est-ce qu'une légende du monde de la montagne ?

Si une légende est définie par l'influence qu'une personne a eue sur les générations futures, alors Marco Siffredi est l'une des plus grandes légendes que nos sports aient connues, malgré sa disparition à seulement vingt-deux ans. Vingt ans après sa mort, des dizaines de skieurs et snowboardeurs continuent de citer Marco à chacune de leurs expéditions, et vont jusqu'à teindre leurs cheveux en son honneur ! Il faut dire que le film *Marco étoile filante* [**MONTAGNE EN SCÈNE** WINTER 2017], réalisé par Bertrand Delapierre, est une bible pour tout amateur de ski de pente raide. C'est d'abord un aperçu de ce qui se fait de mieux dans le massif du Mont-Blanc : le couloir Mallory, sous la benne de l'aiguille du Midi, avalé à toutes les sauces. Admirer une trace dans cette face à 55 degrés depuis le téléphérique procure un sentiment d'excitation mêlée d'effroi pour tout amateur de pente raide ! Marco le pratiquait régulièrement, en poudreuse profonde comme en conditions béton. Un peu plus loin, au mont Blanc du Tacul, le couloir Gervasutti est l'un des plus évidents du massif. Marco le descendait presque en grande courbe vingt ans avant Jérémie Heitz. Et surtout une apothéose au Nant Blanc, en face nord-ouest de l'aiguille Verte. Un versant mythique descendu jusqu'ici uniquement par Jean-Marc Boivin, dix ans auparavant. Au Nant Blanc, pas de caméra, uniquement des photos prises d'en face, où l'on voit Marco dans une pente qui semble verticale, sur de fines langues de neige cernées par la glace. « Chaque virage que tu prends, ça a un prix. Tu ne penses pas à grand-chose, juste à arriver en bas vivant ! »

Très vite, on sent que les Alpes deviennent trop petites pour Marco, et du Pérou au Népal, il franchit les paliers jusqu'à la descente de son premier 8000 au Cho Oyu. En larmes au sommet, marqué par l'effort et par une violente tempête de vent, il regarde déjà vers l'Everest dont il peut admirer la magnifique face nord. La descente entre les bourrasques le conforte dans sa capacité à rider à 8000 mètres. Car malgré son attitude parfois provocatrice, Marco ne grille pas les étapes. C'est aussi en cela qu'il est un formidable modèle. Malgré son niveau et sa connaissance du lieu, il déclare par exemple : « Tu ne vas pas au Nant Blanc ou au Mallory du jour au lendemain. Ça fait un mois que je le mate aux jumelles, je sais les conditions, je vais remonter dedans... C'est toute une préparation qui fait que le jour où tu es au sommet, tu es prêt. Pour moi, ça se passe comme ça en tout cas. » Malgré ses piques envers les alpinistes, Marco est un montagnard complet. Au Shishapangma, il ne peut pas descendre en snowboard, mais il décide quand même de tenter l'ascension avec son ami sherpa Purba. Sa joie au sommet révèle qu'il est bien plus qu'un rider obnubilé par la glisse. Fonceur, mais aussi humble face à la montagne. « Dès que tu t'enflammes un peu trop, la montagne te rappelle vite à l'ordre. Il n'y a pas moyen de tricher, c'est ça qui est bien. »

À l'Everest, sa ligne de rêve est le couloir Hornbein. Plus de 3000 mètres de dénivelé et une ligne directe en pleine face nord de la plus haute montagne de la planète. Pour sa première expé vers le toit du monde, il parvient à effectuer une descente sans rappel dans le couloir Norton. C'est seulement la deuxième descente depuis le sommet et la première en snowboard. Satisfait mais pas comblé, il reste hanté par la ligne parfaite du Hornbein. Le 8 septembre 2002, il parvient une nouvelle fois au sommet, seul avec son équipe de Sherpas. L'ambiance est mystique au milieu d'une mer de nuages. Sur les images tournées au sommet, on entend Purba demander aux nuages de s'écarter. « *Please, clear clear clear, Marco wants to go!* » Devant notre écran, on a beau prier pour que les nuages se referment, Marco s'élance pour ses derniers virages de rêve, dans une poudreuse immaculée, à 8800 mètres d'altitude. On ne le reverra jamais. Vingt ans plus tard, le Hornbein attend toujours sa première descente à ski ou en snowboard. Marco, lui, a marqué durablement toute une génération de skieurs de pente raide, qui s'engagent dans ses traces, depuis Chamonix jusqu'aux plus hauts sommets du monde. ◊

Marco au Nant Blanc, dix ans après Jean-Marc Boivin. →

« Chaque virage que tu prends, ça a un prix. Tu ne penses pas à grand-chose, juste à arriver en bas vivant ! »

Marco en 10 **citations** cultes

01 « En poudreuse, on est tous champions du monde, c'est ça qu'il faut se dire. Sur la glace après, attention les gars ! Il n'y en a plus un dès que c'est raide et que c'est un peu gelé. Plus un qui fait un virage ! »

—

02 « Si tu veux pas jouer un peu, il faut pas aller en montagne. Quoi qu'il arrive, tu joues un peu. Même si tu prends le meilleur des guides, pour la sécurité par exemple, tu as toujours une petite dose d'inconscience quelque part. Tu peux te prendre un sérac, une météorite… »

—

03 « Les freeriders, ils sont pas concentrés ! Ils ont du mal à lire la montagne. Ils se croient à Valdez. Le problème, c'est que Chamonix, c'est pas Valdez. À Chamonix, tu ne ramasses qu'une fois. La veille, ça peut être bon, et le lendemain, ça peut être dégueulasse. Cham, c'est Cham. Il faut bien regarder. Il faut être affûté de la sensation ! »

—

04 « Je ne comprends pas les gens qui vivent leur vie pépère. Jamais de risque, jamais rien. Ils attendent que ça se passe ! »

—

05 « Un *rest day*, c'est reste tranquille. Déjà qu'on branle rien d'habitude en expé, mais là on en fait encore moins. »

06 « Voilà, après une nuit de merde, nous sommes prêts ! À en chier comme des bœufs… regarde comme ça caille, là. »

—

07 « La phrase, c'est que ça caille bien. C'est qu'à 8 000, ça fracasse bien. Et là-bas, il y a ce putain d'Everest qu'on va rider un de ces quatre. Le bilan, c'est que c'est pas facile de monter à 8 000 et c'est pas facile de rider à 8 000 je pense. »

—

08 « Si tu tombes à l'Xtreme de Verbier, tu survis, si tu tombes dans le Mallory, il y a des endroits où tu ne survis pas. Si tu te prends la face du Mallory dans les dents, tu es en pizza en bas. Tu te prends Verbier, il y en a plus d'un qui l'ont pris… Ils sont un peu attaqués mais bon… Tu survis. »

—

09 « Je veux pas mourir et je fais très attention à moi pour pas mourir. Je crois que ce qu'on aime c'est frôler la mort, mais pas mourir. »

—

10 « La montagne, ça évoque quoi ? La liberté. De faire ce que tu veux où tu veux sans rien demander à personne. Et de te faire plaisir et de te calmer dans la tête. »

Vivian

le vieux sage

CHAMONIARD TRANSMISSION PENTE RAIDE

Ci-dessus & pages suivantes :
ouverture de *La Vire de la Lune*
au Chardonnet avec Kilian Jornet.

Vivian Bruchez est un Chamoniard pure souche. Guide de montagne à vingt-quatre ans, il est aussi à l'aise dans des éboulis en grosses chaussures qu'entre des piquets de descente avec un dossard. Passionné de ski sous toutes ses formes, c'est en pente raide qu'il repousse les limites. Pourtant, il rechigne presque à définir les pentes qu'il fréquente de la sorte, préférant parler de ski de montagne !

Avec lui, fini la notion de *ski extrême* qui prévalait encore à l'époque de Marco Siffredi. Vivian refuse cette approche trompe-la-mort, et le film *T'es pas bien là ?!* [**MONTAGNE EN SCÈNE** WINTER 2013], réalisé par Sébastien Montaz-Rosset, illustre bien cette évolution vers une approche totalement décomplexée du ski de pente raide. Dans les situations les plus tordues, en désescalade les skis aux pieds avec Kilian Jornet à l'éperon Migot, ou sur une arête Kuffner totalement gelée avec Seb Montaz, Vivian garde un sourire éclatant et surtout une tchatche sans limite ! Nulle inconscience de sa part, simplement une maîtrise absolue et l'envie d'être là pour se faire plaisir entre copains. L'idée n'est pas de chercher ses limites et de se faire peur. Dans l'interview *Verticale Beaufortain* [**MONTAGNE EN SCÈNE** SUMMER 2021], Vivian nous disait même : « Ça m'est arrivé de penser à mes filles une fois en skiant. J'étais vert de peur, et je me suis dit : "Qu'est-ce que je fais là ?" C'est mauvais la peur, ce n'est pas du tout ce que je recherche. »

Ce qu'il recherche, c'est l'exploration. Découvrir sans cesse de nouvelles lignes à parcourir skis aux pieds. Trouver de nouvelles descentes est un art, surtout à Chamonix où les meilleurs skieurs du monde se sont succédé depuis des années ! En dix ans, Vivian laisse une trace majeure dans son massif de cœur. Partir avec Vivian en montagne, c'est toujours apprendre quelque chose : un nouveau nœud, une manière d'installer un relais, une façon de porter ses skis, une technique de conversion... Professeur à l'ENSA (École nationale de ski et d'alpinisme), coach des équipes de ski jeunes de Chamonix, Vivian adore transmettre ! Pas forcément en emmenant des clients dans les itinéraires qu'il fréquente où la chute est interdite...

« Quand tu connais le métier de guide, que je pratique depuis quinze ans, tu es content de marcher dans des vallons contemplatifs. Mon métier n'est pas de se retrouver derrière une corde, à suer à grosses gouttes en me disant que s'il y a chute, c'est la catastrophe. Ce que je préfère, c'est transmettre. Sur un talus de deux mètres, on peut passer deux heures à faire de la technique ! Je suis sûr qu'on va se marrer ! »

Durer, c'est aussi savoir se réinventer. S'il les a beaucoup fréquentés jeune, vous ne verrez plus Vivian au Mallory ou au Gervasutti. Avec l'explosion de la popularité de la pente raide (dont il est en partie responsable !), ces itinéraires sont aujourd'hui surfréquentés dès qu'ils sont en condition. Alors Vivian imagine d'autres projets, au long cours cette fois-ci, comme relier les *Diamants des Alpes* [**MONTAGNE EN SCÈNE** WINTER 2021] à vélo depuis son chalet de Vallorcine. Départ fin juin en compagnie de Mathieu Navillod et Seb Montaz avec 50 kilos de matériel sous des trombes d'eau... Direction le Dolent, qu'ils trouvent dans des conditions exécrables, mais où ils profitent d'un véritable safari : sangliers à 3400 mètres sur le glacier, gypaète barbu, arc-en-ciel pendant le coucher de soleil... « Un cadeau de la nature », nous dit Vivian ! Direction l'Ober Gabelhorn, et sa magnifique face nord. La difficulté pure des itinéraires skiés est moins élevée que ceux qu'il peut réaliser à Chamonix, mais l'enchaînement des journées à vélo avec des dénivelés impressionnants rend l'ensemble du périple sacrément engagé. Présent avec eux à l'Ober, j'ai pu constater ce qui différenciait Vivian du commun des mortels sur le plan de l'instinct montagnard. Lors de la descente de la grande pente finale, Vivian nous conseille de bien garder un œil sur les cailloux qui peuvent venir de la

partie rocheuse au-dessus. Nous n'avions pourtant pas vu la moindre chute de pierres jusque-là. Une heure plus tard, en arrivant au refuge avec le sourire jusqu'aux oreilles, nous constatons avec effroi que les deux alpinistes qui avaient partagé le sommet avec nous désescaladent la grande pente finale et se font bombarder par une énorme chute de pierres qui raye la face… L'un d'eux est touché, mais parvient miraculeusement à rester accroché à ses piolets. Il s'en sort avec des bleus sur les épaules et une très grosse frayeur !
Il y a, bien sûr, une part de hasard dans ce type d'événement, mais une lecture de la montagne « à la Vivian », toujours en alerte sur les dangers potentiels, permet de maximiser ses chances.

Cette lecture de la montagne, développée été comme hiver, est un bagage indispensable pour le skieur de montagne, qui évolue bien loin des domaines sécurisés et des pistes damées. Une connaissance qui se développe au contact d'autres personnes expérimentées, mais aussi parfois seul selon Vivian : « Typiquement, quand tu fais de la montagne tout seul, on va se dire que tu prends plus de risques, que c'est plus dangereux. Mais si tu te mets dans la peau de quelqu'un qui y va en solo, tu recherches toujours le terrain le plus sain. Tu ne comptes sur personne, et tu adaptes ton itinéraire pour trouver le terrain le plus facile et le moins dangereux. Et c'est là que tu développes ton instinct. Quand tu pars en groupe, qu'il y a une traversée à ski, tu proposes de mettre de l'espace, de bien se regarder. Mais en faisant ça, tu grilles un petit joker ! Parce que tu sais qu'en montant 100 mètres plus haut sur l'arête, tu aurais pris zéro risque. Physiquement, tu ne fais pas la démarche, alors que seul, tu ne serais pas allé dans cette pente. »

Du spécialiste du *dry ski* qui ne sortait jamais la corde du sac, Vivian a évolué vers une approche plus exploratoire. Il boucle actuellement un projet de skier l'ensemble des 4000 des Alpes par des lignes plus belles les unes que les autres, avec l'idée d'en sortir un livre topo. La transmission toujours.
Sur la vidéo YouTube de l'*Interview Verticale* que nous avons réalisée avec Vivian, un spectateur a commenté : « Ce guide est d'une sagesse incroyable. Si on était au Japon, il serait considéré comme un trésor humain vivant, le sage de la montagne ! » Heureusement que Vivian ne se prend pas autant au sérieux et qu'il garde son sourire de gamin dès qu'il a l'occasion de chausser les skis ! Humilité, soif d'apprendre et de partager, goût de l'exploration et de la découverte, une belle liste d'ingrédients à cultiver pour skier les plus belles pentes du monde ! ◊

Les **trucs** et **astuces** de Vivian

Utilisation du **piolet** pour retirer les crampons.

Conversion « pente raide » en plantant les **talons**.

Nettoyage chaussure avec **couteau** avant de chausser.

Ski rapidement mis sur le sac à travers la **bretelle**.

Une descente devenue mythique, Jérémie en grande courbe dans la face nord de l'Ober Gabelhorn.

La liste de Jérémie Heitz

VITESSE LISTE FREERIDE

comporte des montagnes magnifiques : Cervin, Bionnassay, couloir Gervasutti, Ober Gabelhorn…

Pour un skieur de pente raide, skier l'ensemble de ces itinéraires représente le projet d'une vie. Mais pour Jérémie, l'objectif n'est pas seulement de descendre ces faces. L'objectif, c'est de faire du freeride, des grandes courbes à près de 100 km/h au royaume des virages sautés ! Un changement de paradigme complet.

Dans les années 1970, à l'époque des grandes premières du « ski extrême », Sylvain Saudan, Anselme Baud ou Patrick Vallençant se méfiaient de la neige poudreuse. Agréable à skier, la neige fraîche accroît le risque d'avalanche. Elle masque la glace et les cailloux qui sont autant de pièges dans ces endroits où la chute est interdite. À l'époque, la bonne façon d'approcher ces pentes était d'attendre quelques jours après une chute de neige que cette dernière se tasse, pour skier de la « neige de printemps ». Sur ce type de neige, le skieur prend rapidement de la vitesse, et vu la raideur de la pente, il devient obligatoire de faire des virages sautés.
Avec l'apparition de skis plus larges dans les années 2000, un nouveau style commence à se développer. En Alaska, des freeriders américains comme Shane McConkey ou Seth Morrison taillent des grandes courbes dans du 55 degrés gavé de poudreuse ! Shane bricole des fixations sur des skis nautiques et développe un nouveau style où les carres ne mordent plus dans la neige, mais glissent de côté dans de gigantesques *slides*.

« *Chamonix, c'est pas Valdez* », disait Marco Siffredi. Était-il possible d'importer ce style et la vitesse des skieurs d'Alaska dans les Alpes ? Le premier frein est lié au type de neige. Proches de l'océan, les montagnes d'Alaska reçoivent une neige humide qui colle davantage aux parois. Dans les Alpes, ce type de conditions est plus rare et se retrouve surtout à la fin du printemps, après de longs épisodes de mauvais temps.
Le deuxième frein est technologique autant qu'éthique, et tient à l'usage de l'hélicoptère. Pour descendre une face remplie de 50 centimètres de poudreuse, il faut d'abord la remonter. Brasser dans une neige profonde est épuisant et potentiellement dangereux. À Chamonix, les premières descentes envisagées dans ce style sont celles desservies par des téléphériques (glacier Rond, Cosmiques, Mallory) ou celles qui ne se remontent pas (Gervasutti).
En listant quinze descentes sur les plus belles montagnes des Alpes, Jérémie Heitz casse un tabou. Oui, toutes ces descentes peuvent s'envisager en grandes courbes, avec des skis de 130 millimètres au patin ! Oui, cette approche de freerider est possible sur ces grandes faces des Alpes où la chute est interdite.

Pour Jérémie, la vitesse apporte même de la sécurité. La vitesse, c'est la possibilité de passer par-dessus une zone de glace en une fraction de seconde sans avoir à y planter ses carres. La vitesse, c'est aussi l'espoir d'aller plus vite que le *sluff*, ces avalanches de surface provoquées par le skieur. "*Speed is your friend!**" a dit le freerider canadien Hugo Harrisson !

* « *La vitesse est votre amie !* »

Les 600 mètres de la face nord de l'Amône, descendue en dix-huit virages, donnent le ton dès l'introduction du film. Au Lenzspitze, au Spencer et jusqu'à l'apothéose en face nord de l'Ober Gabelhorn, Jérémie vole littéralement sur ces immenses faces ! Pourtant, le film nous fait bien comprendre que ce type de descente n'a rien de banal, même pour le jeune homme. Au Gervasutti, de très bonnes conditions de ski de printemps ne lui permettent pas d'exprimer son style. Au Combin de Valsorey, il perd un ski sur une plaque de glace et se rattrape *in extremis*. Certaines descentes (Bionnassay, aiguille Verte) ne sont même pas tentées par manque de conditions.

Trouver l'équation parfaite entre la forme du skieur et les conditions de la montagne reste une quête aussi incertaine qu'excitante. De nombreuses descentes attendent encore la trace unique de Jérémie ou d'un autre skieur qu'il aura inspiré ! ◊

Zabardast

entre copains

au Pakistan

PAKISTAN FREERIDE VOYAGE

↑ Thomas Delfino au-dessus du glacier Biafo.

Toute l'équipe, avec de gauche à droite : Zak Mills, Julien Nadiras, Thomas Delfino, Hélias Millerioux, Léo Taillefer, Jérôme Tanon, Yannick Graziani et Pierre Frechou. →

***Zabardast* symbolise bien le type de film que l'on adore à Montagne en Scène : une expédition au long cours, une aventure humaine forte, des moments intenses avec des réussites, mais aussi des renoncements sur fond de montagnes majestueuses, au cœur du Pakistan. Le cocktail d'ingrédients qui permet au film d'obtenir le Prix du public de la** [WINTER EDITION 2018] **!**

Et pourtant, ce genre d'aventure tient à peu de chose : un livre emprunté à la bibliothèque dans lequel Thomas Delfino repère en photo une superbe face très raide en forme d'aileron de requin, la Biacherahi Tower. Thomas, snowboardeur professionnel basé à Grenoble, est un habitué et grand adepte d'aventures et de voyages au long cours. Il constitue une équipe de riders autour du projet : Léo Taillefer, skieur freeride de Val d'Isère, Zach Mills, snowboardeur américain, et deux guides chamoniards expérimentés pour les emmener, Hélias Millerioux et Yannick Graziani.

Ils se fixent aussi pour ambition de rapporter des images et d'en faire un film, s'entourant des meilleurs pour cela : Jérôme Tanon à la réalisation, et Pierre Frechou et Julien Nadiras à la caméra. L'idée géniale de Jérôme pour nous permettre de plonger au cœur de l'aventure avec eux, c'est de demander (voire d'imposer !) à chaque membre de l'expédition de tenir un journal de bord dans lequel il raconte son périple, ses émotions. Le syndrome de la page blanche au début, puis quelques lignes, et ils finissent par se livrer totalement et de manière intime, chacun avec son style. ◊

JOURNAL DE LÉO
—
23 AVRIL • 5020 MÈTRES, ÇA VA LE FAIRE

« [...] Aujourd'hui, nous élaborons un plan : la fenêtre météo pour passer le Skam La se rétrécissant, nous décidons d'attaquer la Biacherahi dès le lendemain matin. Pas le temps de niaiser. On va direct sur la fat mama. On recharge un max de batteries sur les panneaux solaires. On boit et on mange tout ce qu'on peut. Je prépare et re-re-prépare mon sac. Tous au lit à 18h30. Demain, on monte en haut d'un monstre à 5880 mètres. Je ne sais pas comment expliquer mes sentiments. L'attente est interminable. Je suis à la fois excité et effrayé. Je repense à ce que Zak m'a dit : "Biacherahi Tower is for gangsters only*".
Je regarde les photos du sommet prises hier en repérage. Il y a une énorme corniche surplombante, des goulottes de glace au milieu des séracs en bas. Je ne sais pas si je suis un gangster. J'ai peur. Cette peur ne me quitte pas, elle est omniprésente. La boule au ventre, je garde ma gourde contre moi pour pas qu'elle gèle. Et je m'endors en me disant : "Ça va le faire. Ça va le faire." »

* *« Biacherahi Tower, c'est seulement pour les gangsters »*

JOURNAL DE YANNICK
—
1ER MAI • LA FLAMME

« Pourquoi la flamme brûle-t-elle toujours ? Pourquoi je grimpe ? Pourquoi j'adore l'alpinisme ? Pourquoi je suis fou d'himalayisme ? Toujours les mêmes questions. Lancinantes. Pourquoi je ne suis pas dans mon canap' avec mes potes ? Pourquoi je ne suis pas comme tout le monde à essayer de vivre une vie tranquille, posée ? Pourquoi je suis obligé de venir me perdre tout au bout de ces montagnes ? L'attrait de l'inconnu ? L'engagement ? Arriver en haut ? Ben ouais, nous y sommes. Voilà pourquoi la flamme brûle toujours. Quand je me retrouve sur un sommet, je sais ce que je ressens. C'est évident. Je me reconnecte avec un moment que je connais et que j'avais oublié. Un moment volé. C'est quand même la classe d'être là. C'est tellement beau. Je vis les choses dans le réel, dans le brut. Je me sens un homme rempli, et ça bouillonne à l'intérieur de moi. Une putain de bonne sensation. »

JOURNAL DE THOMAS
—
15 MAI • LA MONTAGNE

« Notre aventure pakistanaise me semble avoir été comme hors du temps. Tout est parti de cette photographie de la Biacherahi. Cet aileron de requin qui s'élève des glaces, tout droit vers le ciel. Ses lignes verticales effrayantes, son aspect immaculé, la puissance qui s'en dégage. Et pourtant, ce n'est qu'une goutte d'eau dans l'océan de montagnes qui se trouve là-bas. L'Aventure. En descendant le Biafo, je me posais cette question : est-ce que je veux continuer à faire ça ? Les glaciers, la montagne, la galère, la joie intense. Bien sûr que je veux continuer. Je n'ai fait qu'effleurer un vaste univers. Un monde où les disciplines se mêlent et qui procure des émotions plus fortes que tout ce que j'ai connu. La montagne, sauvage et brute. »

Ces extraits sont tirés du livre *Zabardast* (Jérôme Tanon, éditions du Mont-Blanc, 2019).

Les vagabonds du Logan

PÉRIPLE AMITIÉ SAUVAGE

À ski depuis l'océan

↑ Thomas Delfino sur la gigantesque *East Ridge* du mont Logan.

Le ski est parfois bien plus qu'un engin permettant de glisser sur la neige ou de voler dans la poudreuse. Pour les baroudeurs en quête d'aventure, il peut se transformer en prétexte pour partir dans des contrées lointaines et sauvages. Hélias Millerioux, guide de haute montagne d'origine parisienne, a réalisé plusieurs expéditions en Alaska. La méthode privilégiée pour accéder aux sommets dans cette région abritant les plus grands glaciers du monde est de se faire déposer au pied des montagnes par des petits avions. La vue depuis le ciel sur ces immenses sommets est certes magnifique, mais survoler ces glaciers en quelques heures ne permet pas vraiment de s'imprégner de leur immensité. De retour d'une expé au Denali, Hélias aperçoit une rivière qui serpente au milieu de gigantesques moraines, avant de se jeter dans l'océan. Surplombant la rivière, l'énorme mont Logan barre l'horizon de ses 5 980 mètres, faisant de lui le deuxième plus haut sommet d'Amérique du Nord. Germe alors dans sa tête l'idée folle de rejoindre le sommet du Logan à ski depuis l'océan, de skier la montagne avant de redescendre jusqu'à la mer en rafting.

Ce périple représente un voyage de plus de 600 kilomètres à travers des glaciers crevassés, des moraines, des mangroves et des torrents déchaînés... La première difficulté à laquelle est confronté Hélias est de trouver des compagnons pour se joindre à lui. Certains skieurs sont motivés par le trajet aller, mais pas par la descente sur la rivière. D'autres sont intéressés uniquement par le fait de skier le Logan. Mais pour Hélias, pas question d'une expédition à la carte. C'est dans la lenteur et l'effort que cette expédition prend tout son sens. Celui de retrouver les vraies dimensions de la montagne. Celui de se perdre dans des glaciers gigantesques et de risquer l'échec à tout moment. Les amateurs de ce type d'aventure totale sont rares, mais Alexandre Marchesseau, Thomas Delfino et Grégory Douillard sont partants. Très vite, ils se rendent compte qu'ils ont totalement sous-estimé la complexité de l'approche. À la place des six jours prévus pour atteindre le camp de base, ils en mettent seize ! Impossible de porter leur chargement de 90 kilos en une seule fois sur ces terribles moraines... Il leur faut faire des portages de 5 kilomètres avec 30 kilos sur le dos et effectuer le chemin trois fois... Dans ce périple hors du temps, ils font le pacte de ne pas se soucier du calendrier. S'ils doivent rater leur avion de retour vers la France, ils le rateront, mais ils iront au bout de leurs capacités pour tenter de boucler l'aventure ! Une fois sur le Logan, l'ascension n'est pas simple et dix jours leur sont nécessaires pour gravir et skier le monstre. Une rencontre du troisième type a lieu avec des Canadiens à 4 000 mètres. Dans la tempête, ils se croisent au camp 2. Les Canadiens, qui renoncent et redescendent, ne comprennent pas comment cette bande de Frenchies peut persévérer dans cette météo exécrable. Après vingt-six jours d'effort, Hélias, Thomas et Alex sont dans une autre réalité. Attendre le beau temps quelques jours de plus dans un igloo leur paraît le plus naturel du monde. D'après Hélias, c'est justement ce type d'approche au long cours qui leur a permis de se fondre dans la montagne et d'accepter de vivre à son rythme.

« Je comprends les gens qui ne voudraient pas faire ce qu'on fait, mais en même temps, ils ne vivent pas ce qu'on vit ! »

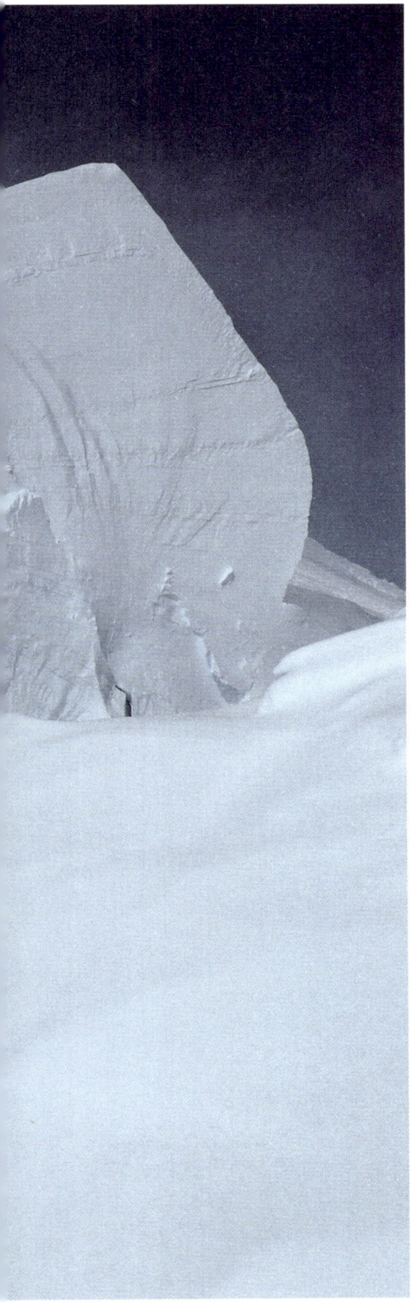

« Leur âme de skieur frétille à l'idée d'une descente dans cette poudre profonde. »

Hélias Millerioux déclare, lors d'un lever de soleil sur l'arête est du Logan : « *Je comprends les gens qui ne voudraient pas faire ce qu'on fait, mais en même temps, ils ne vivent pas ce qu'on vit !* »

Au fil de l'ascension, la neige fraîche accumulée dépasse le mètre, et les alpinistes brassent jusqu'aux hanches. Leur âme de skieur frétille à l'idée d'une descente dans cette poudre profonde. Pourtant, le jour du sommet, un vent violent se déchaîne et emporte toute cette belle neige ! L'essentiel est ailleurs, et Hélias en skis, Thomas en snowboard et Alex en monoski s'apprêtent à faire la plus belle descente de leur vie. Une ligne de plus de 3500 mètres de dénivelé, qu'ils feront en trois jours pour avoir de la neige transformée !

Reste à parcourir 200 kilomètres jusqu'à la rivière, à travers des moraines encore plus infâmes que celles de l'approche, puis des mangroves infestées de moustiques. Et pourtant, tout le long du film de Mathieu Rivoire [WINTER EDITION 2022], on aimerait être avec eux ! On aimerait partager les levers de soleil magnifiques comme les charges de 90 kilos. Les bidons d'essence à traîner comme les feux de camp à la fin de la journée. Ce type d'aventure entre amis est intemporelle et ne cessera jamais de nous faire rêver ! ◊

Tiphaine &

skier à plus de 8 000 mètres

PREMIÈRE EXPÉDITION DUO

Et si les plus belles histoires étaient celles qui n'étaient pas racontées ? Difficile à admettre pour nous dont la mission est de partager les aventures les plus inspirantes avec le plus grand nombre ! Certains, pourtant, réalisent des exploits dans leur coin, loin des caméras et des sponsors. Tiphaine Duperier et Boris Langenstein sont de cette trempe.

← Au G1, après
un renoncement
vers 7 800 mètres.

Boris

Au fil des années, ils ont subtilisé au nez et à la barbe des cadors de la discipline certaines des descentes les plus esthétiques au monde. Avec cette incroyable première au Laila Peak d'abord, qui peut sans doute candidater pour le titre de plus belle descente de la planète. Au Nanga Parbat ensuite, en étant les premiers à chausser les skis à plus de 8 000 mètres sur cette montagne. Au Gasherbrum II enfin, avec une ouverture à ski sur l'éperon des Français, cette fois-ci filmée par Guillaume Pierrel pour le film *Ô'Parizad* [**MONTAGNE EN SCÈNE** SUMMER 2022].

Mais même quand la caméra est là, on voit peu Boris et Tiphaine qui restent insaisissables tant ils sont toujours loin devant, à faire la trace… Toujours pas rassasiée, Tiphaine nous confie avoir encore envie de haute altitude, et évoque même la descente la plus convoitée du monde, le couloir Hornbein à l'Everest, ligne directe parfaite en pleine face nord, où disparut Marco Siffredi… D'ici là, on espère bien la convaincre d'emporter une caméra !

Bonjour Tiphaine, peux-tu te présenter ?
—
Je m'appelle Tiphaine Duperier, j'ai trente-quatre ans. Je suis pisteuse-secouriste à Val d'Isère et guide de haute montagne, passionnée par la découverte, le voyage et la haute altitude.

Peux-tu nous parler de votre légendaire descente du Laila Peak ?
—
Le Laila Peak est la montagne iconique pour le ski de pente raide à haute altitude. Le sommet culmine à plus de 6000 mètres, la pente fait 1800 mètres de dénivelé et s'incline à 45-50 degrés. Avec sa forme de vague qui la fait se détacher des autres, elle est tout simplement magnifique.
En 2017, j'ai eu la chance de pouvoir rejoindre Boris Langenstein et Carole Chambaret qui terminaient leur projet « 12 mois d'hiver » au Laila Peak. Il faut savoir que la descente de la face a été tentée de nombreuses fois par de très forts skieurs, tel Fredrik Ericsson, mais jamais réussie. Arrivés sur place, les questions fusaient car la météo était mauvaise et la face nord que l'on souhaitait descendre est particulièrement exposée aux avalanches et aux séracs. On a donc décidé de gravir la face sud et de rejoindre la face nord par un col. Au premier créneau de beau temps, on a tenté l'ascension. Il s'est avéré que les conditions étaient extraordinaires ! Une neige stable, d'une qualité exceptionnelle pour une pente de cette raideur, ce qui nous a permis de skier depuis le sommet en sécurité, sans jamais toucher de glace. La chance nous a souri, on a pu réaliser cette descente depuis le camp de base, à la journée et quasiment à vue !

Vous semblez aimer le Pakistan. Comment s'est passée votre expé au Nanga Parbat ?
—
La montagne avait déjà été skiée, mais jamais dans son intégralité. Boris a réussi à chausser à 8100 mètres, il est la personne à avoir fait la descente la plus complète. Pour ce projet, on est partis deux mois au Pakistan. L'acclimatation s'est faite au Spantik, un sommet culminant à 7200 mètres assez éloigné du Nanga. On voulait s'acclimater dans un endroit différent pour ne pas se lasser à faire des allers-retours sur une voie qui est toujours la même. Ensuite, on a passé trois semaines au camp de base du Nanga Parbat. On a fait un repérage de la voie Diama, une voie différente de la voie normale. On a terminé notre acclimatation sur ce versant nord-ouest avant de commencer à gravir la voie Kinshofer. Pendant les cinq jours qu'a duré notre tentative d'ascension, on s'est retrouvés seuls sur la montagne. C'est vraiment un sommet moins fréquenté

« Cette progression et ce sens du détail, je les ai acquis au fil des années à Val d'Isère où j'ai été très bien entourée ! »

↑ Pendant notre semaine de repérage autour du Dhaulagiri II, nous avons eu la chance de skier une ligne aussi esthétique qu'exposée aux séracs ! Sita Chuchura (6 600 m).

« J'adore skier à haute altitude, j'aime la sensation d'être suspendue. »

↑ Sous le G4, splendeur du Karakoram.

← Tiphaine et Boris au sommet du G2.

Ambiance surréaliste au lever du jour dans le Japanese couloir lors de notre tentative au G1. →

↑ À nous les montagnes du Pakistan ! Sur l'arête qui mène à notre premier sommet lors de notre acclimatation pour le Spantik.

Acclimatation pour le Spantik. ↓

que les autres 8000. Malheureusement, lors de cette première tentative, la météo changeait rapidement et on était trop court en temps. On a décidé de faire demi-tour vers 8000 mètres et de redescendre au camp 4. On est repartis pour le sommet après un jour de repos. Mais les premiers signes d'une otite barotraumatique sont apparus. Avec les changements d'altitude et de pression, mon tympan a explosé. Je me suis retrouvée à 7800 mètres avec des troubles de l'équilibre et une perte de repères. Je n'étais pas capable de continuer. À l'inverse, Boris se sentait vraiment bien et était en mesure de poursuivre seul. Mais à cette altitude, tu n'es pas toujours d'une grande lucidité. Je voulais donc rester au plus près de lui et pas redescendre au camp. Je me suis activée autant que possible, j'ai creusé un abri pour me protéger du froid et je l'ai attendu là, sagement. Je m'étais mis un chrono de cinq heures qui me servait de deadline. Le moment à partir duquel soit je déclenchais un secours soit j'essayais de partir à sa rencontre. L'angoisse était présente, mais heureusement, il est arrivé pile à l'heure ! Même si ça paraît long, c'est incroyable ce qu'a réalisé Boris. Il a été particulièrement rapide puisqu'en cinq heures, il est passé de 7800 mètres à 8100 mètres, soit 300 mètres de dénivelé en faisant la trace, puis en skiant !
Personnellement, j'adore skier à haute altitude, j'aime la sensation d'être suspendue. Ça exige un ski très technique où chaque détail importe, rien ne doit être laissé au hasard. Cette progression et ce sens du détail, je les ai acquis au fil des années à Val d'Isère où j'ai été très bien entourée ! Puis j'ai eu les bons conseils de Boris et Carole. J'ai mis en application les retours qu'ils me faisaient avec toujours en tête le virage parfait.

Quelle est ta relation avec Boris ?
—
Avec Boris, on s'est connus au lycée des métiers de la montagne à Thônes et on s'est retrouvés à Val d'Isère lors de la préparation des Coupes du monde. C'est lors de cet événement qu'on a décidé de faire de la montagne ensemble, car lui préparait le guide et moi j'y songeais. Les projets dans les Alpes se sont enchaînés et à partir de 2016, on a fait une expédition ensemble par an.
Ce qui me plaît chez Boris, c'est son style indépendant et autonome. C'est quelqu'un qui va toujours agir selon ses propres convictions. Sachant que l'on se rejoint souvent dans les idées, le duo fonctionne. En montagne, il a beaucoup d'instinct et une lecture du terrain incroyable. Niveau ski, c'est un des meilleurs skieurs que je connaisse, il m'a appris énormément. Quelles que soient les conditions, il perd très rarement le contact avec la neige. Par exemple, il ne fait quasiment jamais de virages sautés. C'est un vrai chat, à l'aise sur tous les terrains, que ce soit sur la glace, en forêt ou en poudreuse.

D'après toi, pourquoi y a-t-il si peu de femmes en pente raide ?

—

De mon point de vue, il est avant tout question de motivation et d'envie. Le ski de pente raide, en haute ou en moyenne altitude comme dans les Alpes, si tu as envie de le faire, tu le fais. Il n'y a plus de vraies barrières techniques ou physiques. Et aujourd'hui, je ne crois pas que le milieu du ski de pente raide soit réfractaire à ce que les femmes aient leur place. Peut-être que je m'avance et que je prends des risques en disant ça, mais c'est ma vision des choses. Après, j'ai eu beaucoup de chance toute ma vie, car personne ne m'a dit : « Toi, t'es une fille donc tu ne feras pas de montagne, ni de ski de pente raide. » Finalement, ce sont avant tout les rencontres que tu fais au fil de ta vie qui vont créer l'étincelle. Tomber sur les bonnes personnes, ce n'est pas donné à tout le monde, et c'est le plus gros problème !

Quelles sont les descentes qui te font rêver ?

—

Tout me fait rêver tant que c'est de la découverte ! Plutôt des faces, parce que les couloirs sur les très hautes montagnes, c'est plus rare. Même s'il y a des couloirs très célèbres, comme le Hornbein à l'Everest. On connaît les risques, mais ça fait quand même bien rêver ! Pour y aller, il faut à la fois un certain budget et plus d'expérience. Donc, avant de se lancer dans un tel projet, on a encore plein de choses à faire, aussi bien en haute altitude que dans les Alpes. Je pense à des descentes comme le mythique Nant Blanc : si elles sont en conditions, j'essaierai de ne pas rater l'occasion !

Le Laila Peak, la plus belle montagne du monde ? Tiphaine, Boris et Carole Chambaret en ont fait la première descente à skis. →

↑ Sur un sommet sans nom à plus de 5000 mètres derrière le Spantik.

Chapitre 02

Alpinisme

L'alpinisme est la seule discipline systématiquement représentée à Montagne en Scène, hiver comme été. On serait tenté de dire que c'est la discipline reine, tant elle combine tous les ingrédients en vue de belles aventures. Paysages magnifiques, engagement, technicité, et on en passe !
Plus que tout autre, l'alpinisme n'est pas un sport. Se lancer dans une ascension, c'est avant tout répondre à un appel. D'abord l'appel d'un sommet, le mont Blanc, parce que c'est le plus haut, la Verte ou la Meije, parce qu'elles sont les plus belles, le Cervin, parce qu'il est sur les boîtes de chocolat de notre enfance. Puis vient l'appel des lignes à dessiner sur ces montagnes : l'arête Forbes au Chardonnet, le Couturier à la Verte, la Walker en face nord des Grandes Jorasses. Éperons, arêtes effilées, couloirs rectilignes, en S ou en Y, chacun a ses préférences sur le type de lignes qui l'attirent.
L'histoire aussi contribue à l'appel : l'Eiger et le K2, avec leurs multiples drames, sont enrobés d'une aura de mystère qui agit paradoxalement comme un aimant pour les alpinistes. En même temps, une face vierge de tout passage acquiert immédiatement une force irrésistible pour l'alpiniste qui a fixé son regard sur elle et commencé à imaginer une ligne à dessiner sur ses flancs. En alpinisme, la cotation est bien moins importante qu'en escalade sportive. Elle est souvent incompréhensible, même pour le grimpeur confirmé ! Une voie cotée ED+, 6c, M6+,WI5, X est-elle plus dure qu'une voie ED, 7a, M6, WI7, R ? En général, là n'est pas la question, et les lignes marquantes restent en mémoire bien plus pour l'élégance de leur tracé ou l'aventure vécue par les ascensionnistes que pour une difficulté annoncée. Parfois, c'est la saison qui permet le renouvellement de l'aventure, à d'autres reprises, le fait d'y aller seul voire sans corde.

Ce qui fait sans doute le plus entrer l'alpinisme dans une dimension sportive, c'est l'avènement du chronomètre. Se « tirer la bourre », aller vite en montagne a toujours existé, mais c'est sans doute Ueli Steck qui a fait passer cette discipline dans une nouvelle dimension, avec des temps stratosphériques sur des faces mythiques comme l'Eiger ou les Jorasses.
Kilian Jornet ensuite, sur des voies moins techniques, mais partant de la vallée, du mont Blanc au Cervin, puis à l'Everest !
Et quand vient l'envie de renouveler encore l'activité des projets d'enchaînements au long cours, comme gravir les quatre-vingt-deux 4000 des Alpes en une saison pour Liv Sansoz. Les Alpes devenues trop petites, c'est vers les Andes et l'Himalaya que se tournent les alpinistes, du Riso Patron au Meru en passant par le Chamlang ou la mythique face sud de l'Annapurna… L'activité reine a encore de beaux jours devant elle !

← L'Ukrainien Nikita Balabanov lors de l'ouverture de l'arête sud-est de l'Annapurna III. Une épopée de 18 jours, partagée avec Micha Fomin et Viacheslav Polezhayko.

Liv

along the way

(4000) (POSITIVE) (POLYVALENCE)

← Liv Sansoz en route
pour le Grünhorn (4044 m).

Pour nous Européens, le chiffre 4000 a une résonance particulière. Dans les Alpes, ils ne sont que quatre-vingt-deux à dépasser cette barre mythique, et chacun d'entre eux est chargé d'histoires et de légendes. Gravir ces quatre-vingt-deux sommets est le rêve d'une vie pour la plupart des alpinistes. Inspirée par Ueli Steck, qui les avait gravis en soixante-deux jours sans utiliser de moyens motorisés, Liv Sansoz a décidé de tenter de les grimper tous en une année. Double championne du monde d'escalade, Liv était jusque-là plutôt connue pour son incroyable capacité à broyer des réglettes ! Pourtant, elle est rarement là où on l'attend. Discrète, humble et réputée prudente, elle se lance à fond dans le BASE jump, le sport le plus testostéroné des années 2000 ! Après un gros crash en 2009, elle se casse le pelvis et le sacrum. Commence une période de galère de plusieurs années, et sa collection de blessures devient légendaire. Une cheville, le calcanéus, le nerf sciatique, les croisés, une autre cheville, une vertèbre, le poignet, le ménisque, l'autre calcanéus et pour finir, un trauma crânien ! Une étude de cas parfaite pour un étudiant en médecine, mais un casse-tête sans fin pour une athlète de haut niveau ! Pourtant, Liv ne lâche pas l'affaire, garde le moral, et réalise come-back après come-back.

Les quatre-vingt-deux 4000 deviennent le projet de la rédemption. Un projet au long cours pour se prouver à elle-même que les années galères sont derrière. L'hiver se passe bien et les 4000 s'enchaînent, mais lors de l'ascension de son trente-huitième sommet, l'Aletschhorn, elle chute dans une crevasse et se blesse au genou. Évacuée, elle découvre que la blessure a généré une gelure de son orteil. Coup d'arrêt et nouvelle remise en question. Quelques semaines plus tard, son ami, la légende Ueli Steck, décède au Nuptse. L'envie de retourner en montagne s'estompe, et Liv prend son temps avant de retourner là-haut. Mais finalement, le désir de boucler le projet l'emporte, et elle se lance dans une course contre la montre pour gravir les quarante-quatre sommets restants. Dent du Géant, traversée des Grandes Jorasses, Bionnassay, les grandes chevauchées s'enchaînent, mais l'automne puis l'hiver arrivent et Liv voit son compteur bloqué à soixante-quinze… Plutôt que de forcer les choses et de prendre le risque de faire l'arête de Peuterey en mauvaises conditions, Liv préfère patienter quelques mois. Patience est mère de sûreté pour les alpinistes en quête de longévité, et Liv nous offre une dernière leçon de vie, en bouclant son périple au rythme de la montagne. *Long Liv,* l'alpinisme sur les 4000 ! ◊

Liv Sansoz

Une étude de cas parfaite pour un étudiant en médecine, mais un casse-tête sans fin pour une athlète de haut niveau !

↑ Liv Sansoz sur l'arête du Mönch (4 107 m).

Descente à ski du Grünhorn (4 044 m). →

Ascension du Schreckhorn (4 078 m). → →

Kilian Jornet

Summits of my life

ULTRA TERRESTRE · RECORD · FAST & LIGHT

L'ultra-terrestre, le G.O.A.T. (Greatest of all time), comment qualifier Kilian Jornet ? Ultra-polyvalent, capable de gagner l'UTMB quatre fois, dont la dernière en moins de vingt heures, tout comme la Pierra Menta les skis aux pieds. Capable aussi de skier la face nord des Courtes par la voie des Autrichiens, ou des couloirs à 60 degrés dans son fief norvégien. Capable de courir du sommet du Cervin à Cervinia en moins d'une heure, ou jusqu'au sommet de l'Everest en vingt-six heures depuis le monastère de Rongbuk. Des chiffres, des records, mais aussi quelque chose en plus pour celui dont il n'est même plus nécessaire de prononcer le nom de famille, tant Kilian est à part dans l'univers de la montagne. Excellent communiquant, il a tout de suite souhaité aller au-delà des victoires en course pour écrire son histoire et partager son aventure. Livres, films, réseaux sociaux, ce sont des millions de personnes à travers le monde qui ont été inspirées par Kilian ! Un paradoxe pour lui qui se décrit comme introverti et qui nous confiait avoir besoin que son temps de silence soit quatre fois plus important que son temps de bruit… Sacrément doué en marketing, il imagine le projet « Summits of my life », trait d'union entre tous ses objectifs de records à travers la planète, du mont Blanc au Cervin, en passant par le Denali, l'Aconcagua et l'Everest en apothéose. Kilian ne se contente pas de pulvériser ses records, il les partage et les met en scène avec brio. Très tôt dans ses aventures, il fait la rencontre du seul réalisateur au monde capable de le suivre sur ses exploits, Sébastien Montaz-Rosset. Commence alors une collaboration et une amitié de plusieurs années qui donneront certains des meilleurs documentaires que nous ayons eu la chance de projeter à Montagne en Scène. À travers ces films, on découvre un Kilian bien loin des clichés. Un Kilian joueur, passionné de montagne sous toutes ses formes, et presque contemplatif. Dans *A Fine Line*, c'est la tragédie qui le rattrape, avec la disparition sous ses yeux de Stéphane Brosse, lors de leur tentative de traversée du mont Blanc. Son idole de jeunesse aura sans doute fait beaucoup pour lui montrer une voie parallèle à la compétition, faite de grandes bambées en montagne, d'aventure et de liberté. « Un homme libre, c'est un homme qui choisit son itinéraire, comme en montagne. La liberté, c'est le choix. » Cette phrase de Stéphane captée par Sébastien Montaz résume assez bien le parcours de Kilian, qui ne se laisse pas enfermer dans des cases. *Déjame Vivir*, titre magique du second opus, qui signifie *laissez-moi vivre* ou, mieux encore, *foutez-moi la paix* ! La vallée de Chamonix est étroite, et Kilian étouffe entre les ragots et les médisances… On lui fera payer très cher la seule fois où il a déclenché les secours, à l'éperon Frendo, alors même que c'était son compagnon de cordée qui était en détresse… L'occasion pour ses détracteurs de se délecter de la prise de risque de Kilian, et plus généralement des traileurs en baskets. En réalité, avec son approche *fast and light*, Kilian a contribué à révolutionner la technique

Kilian Jornet au Cervin lors de son ascension record. →

Kilian dans le Beaufortain pour préparer la Pierra Menta.

et le matériel que l'on utilise en montagne. Que de progrès en vingt ans sur le poids des chaussures, des baudriers, des skis ou des fixations ! Au mont Blanc, c'est en short et en baskets qu'il bat le record, avant une descente plein gaz sur les fesses ! Un aller-retour église-sommet-église en 4 h 57. Idem au Cervin où il dépoussière le vieux record de son idole Bruno Brunod sur l'arête du Lion en 2 h 52 ! 1 h 56 à la montée, 54 minutes à la descente, quand le topo annonce pas loin de 20 heures pour la boucle complète en deux jours…

Après une descente à fond les manettes, le *finish* dans les rues pleines à craquer de Cervinia est un grand moment d'émotion, avec en prime la présence de Bruno Brunod à l'arrivée. Le seul record de Kilian qui soit parfait selon Seb Montaz, pour qui il ne risque pas d'être battu de sitôt. Et c'est sans doute ça la grande force du duo Seb-Kilian. Réussir à nous faire rêver à travers des performances pourtant totalement inaccessibles au commun des mortels. Montrer que le chronomètre n'est qu'un prétexte pour passer du temps en montagne avec les personnes que l'on aime.

Une fois le projet « Summits of my life » bouclé, Kilian a d'ailleurs accéléré sur d'autres desseins personnels, de la création de sa fondation pour la protection de l'environnement au lancement de sa marque NNormal, pensée pour être écoresponsable, sans oublier sa vie de famille depuis qu'il est père de deux enfants.

Toujours à bloc, toujours souverain dès qu'il porte un dossard ou qu'il se lance dans un projet en montagne, Kilian n'a pas fini de construire sa légende. Alors, merci Kilian pour les émotions que tu nous as procurées à travers les années ! ◊

Retrouvez l'intégralité de l'interview *Verticale* de **Kilian Jornet** en écoutant le podcast Montagne en Scène.

Six [ultra]**citations** de Kilian Jornet

01 « À 8000, tu gardes pas vraiment le rythme, tu fais ce que tu peux, c'est la lutte tout le temps. Là-haut, tu comptes les pas, de 1 à 25, petite pause, on recommence. »

—

02 « À l'Everest, je suis quand même tombé dans une crevasse. J'ai cassé une plaque qui m'a emporté dans une crevasse, j'ai eu du bol de tomber sur un pont de neige 10 mètres dans la crevasse, et que l'avalanche me passe au-dessus. »

—

03 « Quand tu es jeune, tu rêves des JO. Mais il y a un débat technique et un débat éthique. Techniquement, le ski-alpinisme, c'est évoluer sur des arêtes, effectuer des descentes par des couloirs. Certes, c'est de la compétition, mais en montagne. Si, pour aller aux JO, on doit faire des pistes damées ou des parcours artificiels, pour moi c'est pas du ski-alpinisme. Et après, il y a le débat éthique. Je sais que le CIO amorce des changements, mais si on regarde les derniers lieux choisis, et pourquoi ils ont été choisis, il faut qu'ils opèrent de grandes transformations… »

—

04 « En termes d'alimentation, il ne faut rien changer avant une course. Si tu dois changer, ça veut dire que ton alimentation de base c'est de la merde ! »

—

05 « Pour savoir combien boire d'eau, c'est assez simple. Tu vas courir une heure à 10 degrés, à 20 degrés, à 30 degrés, tu regardes le poids que tu perds, et ça te donne le nombre de litres que tu dois boire ! »

—

06 « Depuis que j'ai des enfants, ma perception du risque a changé. Je vais pas aller dans une ville polluée par exemple. Quel est le plus grand risque ? Passer une semaine à Paris ou dans une vallée polluée, ou faire un solo ? Si tu fais le solo et que tu tombes, c'est ketchup et voilà. Mais la probabilité que ça arrive est peut-être moindre que de développer un cancer si tu habites dans certaines villes ! »

Après six jours de lutte, Charles Dubouloz parvient au sommet des Grandes Jorasses juste à temps pour profiter du coucher de soleil.

Charles Dubouloz

olitaire aux Jorasses

Le solo a toujours été une machine à fantasmes dans le milieu de la montagne. Un peu comme pour les marins partis seuls autour du monde, on imagine les alpinistes solitaires en quête d'une vérité supérieure, d'un accomplissement personnel particulier. Les hivernales, froides et lugubres, ont également la faveur de ceux qui recherchent le dépassement. Les solitaires hivernales sont donc une sorte de Graal absolu pour les plus sado-masochistes des alpinistes ! Très populaire dans les années 1980, cette pratique a été ultra-médiatisée lors des tentatives de Christophe Profit et Éric Escoffier de grimper les trois faces nord des Jorasses, Cervin et Eiger, en moins de quarante-huit heures non-stop. Ensuite, quelques-uns en ont fait leur spécialité, de Christophe Moulin à Lionel Daudet, qui a passé plus de dix jours dans son *El Dorado* en face nord des Grandes Jorasses. Mais la mode passe et ils sont bien peu à se lancer dans ce type de défi long et austère.

MÉTAL · HIVER · SOLO

Charles Dubouloz, lui, aime nager à contre-courant. À l'hiver 2021, il se lance dans l'ascension de la voie *Pierre Allain*, en face nord des Drus. Bien qu'étant l'un des grimpeurs les plus extravertis et bavards que je connaisse, Charles a envie de solitude. En deux jours, il avale ce mythe de l'alpinisme chamoniard, avec quelques moments épiques comme cette longueur de 6b en pleine nuit, qui le sort du labyrinthe de la partie supérieure de la face. Arrivé au sommet, il s'attend à l'extase, mais doit se contenter de sentiments contrastés : « Je pensais arriver en haut et m'effondrer en larmes, il n'en est rien. Je suis assis, je regarde Chamonix et il ne se passe rien. Aucun sentiment, aucune expression, je suis presque déçu. Bordel, tout ça pour ça ? Je ressens en revanche une profonde sérénité. Je n'ai ni faim, ni soif, ni froid, j'attends, assis. J'aurais pu rester la nuit comme ça, lorsque la légère brise nocturne me rappelle que je ne suis qu'un petit garçon trop peu habillé au sommet des Drus. Je rentre dans le duvet et je ne ferme pas l'œil de la nuit. Je suis crevé, mais sans doute *guronzé* par ce que je viens de vivre. Et puis ce duvet toujours trop léger me permet de voir les secondes défiler. Comme s'il voulait me faire apprécier chaque instant pour ne pas en perdre une miette. Je me dis que c'est quand même chouette d'être seul au sommet de cette montagne ! »

De retour sur le plancher des vaches, il prend conscience du plaisir différent que procure le solo : « Cette fois, ce n'est pas que l'ascension au sommet d'une montagne. C'est un processus plus complexe de la décision de s'engager à la préparation du matériel, en passant par la grimpe, la descente, le retour… tout est décuplé, plus fort, plus intime. C'est sûrement ma plus belle ascension intérieure. Lorsqu'on s'encorde à plusieurs, il y a une sorte de rituel au retour de course. Tout d'abord, on discute pendant la descente. Arrivés en bas, on fait le tri du matériel puis on termine par le traditionnel burger-bière, durant lequel on revit l'ascension. On se sent heureux, on partage. Bien souvent, on s'aperçoit un ou deux jours plus tard que le tri du matos a été trop vite fait, et qu'on a échangé une broche ou une dégaine ! Alors on se revoit pour finir l'échange et on discute encore de la course. La boucle est bouclée lorsque chaque mousqueton est rentré dans son garage respectif. »

« Au retour d'un solo, on ne fait aucun tri du matériel, on se contente de le remettre au fond du garage. On tente de raconter ce

« Une ascension solitaire ne se raconte pas totalement. Elle se vit intensément. »

← Dernière manipulation de corde.

qu'on a vécu. On se rend compte qu'on est maladroit, qu'on oublie des choses, qu'on en occulte d'autres. Il m'aura donc fallu un peu de repos pour comprendre que la meilleure façon de conclure est d'admettre qu'une ascension solitaire ne se raconte pas totalement. Elle se vit intensément. »

Au retour des Drus, Charles a clairement attrapé le virus du solo. Pour l'hiver suivant, il veut comme à son habitude pousser le curseur. Grand fan de chansons françaises, il se dit que *Rolling Stones*, en face nord des Grandes Jorasses, est la candidate idéale. Une voie à la réputation sulfureuse, faite d'un mélange de difficultés extrêmes et de pierres qui roulent… Ouverte par une équipe slovaque à l'été 1979, la voie n'est plus parcourue de nos jours qu'en hiver. Jamais réalisée en solo hivernal, elle obsède Charles qui en fait son principal projet de l'hiver 2022. D'habitude discret sur ses accomplissements, il nous contacte pour réaliser un film en vue d'une diffusion à Montagne en Scène. L'envie de marquer le coup pour ce qu'il pressent être l'ascension d'une vie. Pour nous, pas de doute, c'est Sébastien Montaz-Rosset qu'il faut convaincre ! Seb n'a jamais entendu parler de Charles, mais lors de leur rencontre à Montagne en Scène à Annecy, c'est le coup de foudre. Cette rencontre nous donnera le fascinant *De l'ombre à la lumière* [**MONTAGNE EN SCÈNE** WINTER 2022]. Un film en forme de huis clos, tourné avec un mélange d'images de Charles (souvent dans son duvet !) et de celles de Seb, qui le suit depuis le pied de la paroi. Dès les premières longueurs, le ton est donné : « J'imaginais avoir une rimaye hyper déversante et que ce soit un premier point difficile de l'ascension. Et en fait, à gauche, il y avait un tunnel de glace qui permettait d'éviter la partie déversante. Et tu sais ce que je me suis dit ? Les Jorasses m'ouvrent leurs portes, c'est pour toi, mec. C'est con, mais dans ces moments-là, tu te raccroches à des signes qui peuvent paraître ensuite un peu bêtes, mais je me suis vraiment dit ça. Et juste après, j'ai fait une erreur de manip, j'ai failli me faire arracher par mon sac de hissage. Je me suis dit : les Jorasses ne t'ont pas ouvert leurs portes. N'y vois aucun signe, tu vas te faire défoncer ! »

La suite, ce sont cinq jours et cinq nuits glaciales. « Il m'est arrivé de grimper avec une grosse chaussure à droite et un chausson à gauche, j'avais trop froid et trop mal à mon pied droit ! Et les mains, elles se découpent, la peau part en lambeaux, tu perds les ongles... Mais ça fait un peu partie du jeu ! » Les jours de janvier sont courts, et Charles passe des heures dans de mauvais bivouacs, suspendu contre la paroi dans un hamac posé sur la glace. « J'ai mis trente minutes à essayer d'enfiler ma chaussette au fond de mon duvet, tellement j'avais les doigts défoncés. J'arrive rien à toucher. C'est plus des doigts, c'est des knackis. » Dans sa tête, ses doigts se transforment même en petits monstres, prêts à le dévorer !

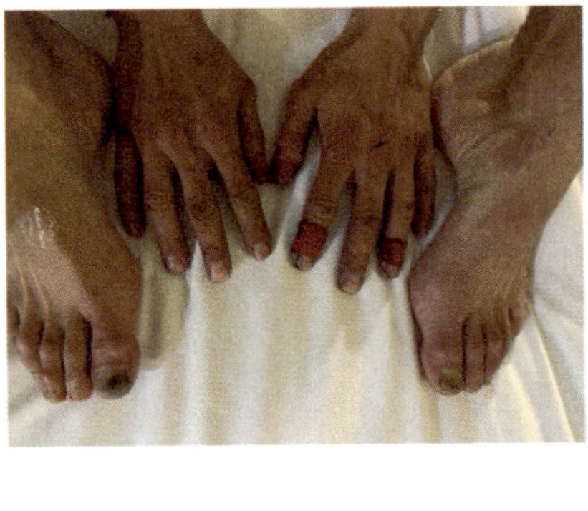

Suite à la perte de son téléphone portable, son réchaud devient son ami et son confident. Le dernier jour, sachant qu'il devrait réussir à sortir, il retrouve l'appétit et la tchatche. Fatigué de faire le yoyo en solo assuré, il largue les amarres en solo intégral, avec 30 kilos sur le dos ! « Promis Fanny, je ne vais pas tomber. Interdiction de faire un pas aléatoire », dit-il avec son crampon posé sur un minuscule gratton...

Après six jours de grimpe dans les pattes, la prise de risque est majeure, mais selon Charles, c'est plutôt dans les longueurs encordées du bouclier, où la chute est également interdite, qu'il a pris le plus de risques. Seb Montaz, qui est monté par la face sud (en solo également !), arrive pile au sommet pour capter ce grand moment d'alpinisme. Des images somptueuses au coucher du soleil, Charles qui s'écroule en pleurs, à genoux, au sommet du mythe. « Ce n'est pas six jours, c'est trente-deux ans de bartasse pour en arriver là ! » L'ascension d'une vie. Pourtant, seulement deux mois auparavant, Charles s'estimait comblé par l'incroyable face nord du Chamlang gravie avec Benjamin Védrines. Peut-on sans cesse repousser la prise de risque ? Charles se donne une limite de temps durant laquelle il compte bien réaliser ses rêves.

« Je discutais avec un pote qui me disait qu'il pensait que j'allais me tuer. C'est fort comme mots, mais c'est sûr que cette pratique mène à ça. Et moi je n'ai pas envie de mourir, je ne suis pas du tout un suicidaire. Peut-être que d'avoir des réflexions là-dessus plutôt que d'y aller tête baissée, ça va m'aider à savoir dire stop, ou à m'empêcher d'aller à la faute. Il y a plein de belles histoires à raconter autrement ! »

Sages paroles pour celui qu'une ascension aura fait passer de l'ombre à la lumière. De retour dans la vallée, un phénomène médiatique se met en marche, et Charles enchaîne instantanément par un marathon de radios et de JT... Comme quoi, il est possible de partager des aventures en montagne captivantes et qui se finissent bien ! ◊

Quatorze **citations** [métal] de Charles Dubouloz

01 « Si vraiment j'en ai trop marre, quand j'arrive dans la Walker, j'enlève la corde et je file. En mode Formula One ! Plus de bouffe, plus rien, j'avance. Et au moins, je pourrai mettre de la crème sur les mains. C'est l'objectif. Mon objectif, c'est la crème sur les mains ! »

—

02 « Il faudrait que je dise à l'assureur de me donner du mou. Ah non ! Mais en fait, c'est moi l'assureur. T'es un champion, toi. »

—

03 « Là, on dirait bien que la *machina* de Charli, elle a bien poussé poussé, et qu'il a plus trop la force. Hé ouais mon gars, je suis raide. Je suis raide pilon ! »

—

01 « Ça tient cette prise ou pas ? Au pire, je me la colle. Je me le suis dit quatre-vingt-dix-neuf fois. Au pire, je me fracasse ! »

—

01 « C'est un cairn vertical... On se croirait dans les Pyrénées ! Nan, je déconne ! Ça va les Pyrénéens, détendez-vous. Vous avez les plus belles montagnes du monde ! »

—

01 « Tu entends le bruit du bloc ? Si tu fais un relais là-dessus, c'est que tu n'as plus envie de vivre. Et moi, après tout ça, je n'ai jamais eu autant envie de vivre. Jamais, jamais, jamais. »

—

07 « En fait, je pleure beaucoup parce que je me suis beaucoup, beaucoup engagé, et en le sachant ! C'était vraiment du terrain de merde, et je ne sais pas où j'ai mis la limite. »

—

09 « C'est comme si tous les petits moments chez moi, quand je suis au chaud, que je suis bien avec Léonie, ils étaient décuplés. Tous ces petits trucs qui paraissent insignifiants dans la vie de tous les jours prennent une valeur, et tu n'as pas envie qu'ils s'arrêtent. Parce que tu as peur de l'avenir, tu ne sais pas à quelle sauce tu vas être mangé ! »

08 « On va se marier quand je descends. »
(Charles à Fanny au pied de *Rolling Stones*).

—

10 « C'est vraiment de l'alpinisme des pays de l'Est, c'est un truc de Tchétchène. C'est rusticos. Mais moi, je suis bien rustique. J'aime bien quand je me fais bien défoncer. Donc je vais y aller. Plus je regarde le topo, plus je me dis que je vais y aller. »

—

11 « Je discutais avec un pote qui me disait : "Je pense que tu vas te tuer." C'est fort comme mots, mais c'est sûr que cette pratique, elle mène à ça, et moi je n'ai pas du tout envie. Je ne suis pas du tout un suicidaire. Peut-être que d'avoir des réflexions là-dessus plutôt que d'y aller tête baissée, ça va m'aider à savoir dire stop, ou à m'empêcher d'aller à la faute. Parce que moi, je n'ai pas un tempérament qui dit stop. J'ai vachement de mal avec le renoncement. »

—

12 « C'est dans ma nature d'aimer pousser le curseur. J'aimais le faire dans les sports d'endurance, mais il y a moins la dimension de risque, et ça me manquait. Le risque fait vraiment partie de notre pratique, et c'est ce qui la rend noble et aussi jouissive pour nous les alpinistes. Ça te permet d'être vraiment concentré dans l'instant, d'être bien présent ! »

—

13 « Les jours d'avant, j'ai vraiment peur, ce n'est pas anodin. Je n'arrive pas à manger dans la voie à cause du stress. Mais l'envie est plus forte ! La peur me permet d'affûter mes sens. Ce n'est pas une peur qui me dit de rentrer à la maison. »

—

14 « Dans la grimpe, tu n'as pas le droit de tomber. C'est simple, tu ne tombes pas ! »

À l'ombre

↑ Benjamin Védrines au départ d'une longueur technique en face nord du Chamlang.

À l'automne 2021, Benjamin Védrines et Charles Dubouloz posent leurs sacs au pied de l'imposante face nord du Chamlang (7 319 m), situé dans l'Himalaya népalais. Benjamin a déjà ouvert une voie au Chamlang deux ans auparavant en compagnie de Nicolas Jean, mais cette immense face vierge l'obsède. Charles et lui ne sont jamais partis ensemble en expé, et Charles n'a jamais dépassé l'altitude du mont Blanc ! Coup d'essai, coup de maître pour cette cordée de rêve, composée des deux alpinistes parmi les plus doués de leur génération.

Benjamin Védrines nous partage toute l'intensité de cette ascension.

STYLE ALPIN · CORDÉE · HIMALAYA

du Chamlang

« Le **23 SEPTEMBRE**, nous posons nos valises remplies de matériel technique, à Katmandou. Durant le vol, nos esprits étaient ailleurs, vers un sommet que nous souhaitons gravir, le Chamlang.

Après une acclimatation, nous atteignons le camp de base le **4 OCTOBRE**. Très vite, notre routeur météo nous informe de la venue d'un potentiel créneau. Il ne faut pas rater ça. Les vents violents du jet stream arrivant souvent avant la fin du mois, un départ dans cette période semble idéal.

Le **6 OCTOBRE**, nous partons avec mon compagnon de cordée, Charles Dubouloz, pour un premier portage de matériel (cordes, crampons, tente, gaz...) jusqu'à notre camp de base avancé à 5450 mètres. Ce jour-là, c'est la première fois que nous nous retrouvons au pied de notre projet, la face nord directe du Chamlang. Nos regards d'enfants semblent mêlés de sentiments d'excitation et de peur. De mon côté, je ne cache pas mon inquiétude pour le crux : un ressaut vertical, en plein milieu de la face, formé comme un entonnoir qui déverse en continu la neige des 600 mètres de pentes en amont. J'ai dans mes bagages quelques expéditions, juste de quoi savoir que ce projet n'est pas anodin. Encore moins à deux. Le créneau se rapproche. Notre routeur météo annonce du grand beau temps pour quelques jours, mais 50 km/h de vent d'ouest à 7000 mètres. Doit-on y aller ? C'est maintenant que la décision doit être prise. Chacun rentre dans sa petite bulle, en pesant le pour et le contre. Le vent annoncé me paraît trop important, Charles n'est pas de cet avis. D'après lui, on a quand même une carte à jouer. "Ça vaut le coup d'au moins aller voir." À ce moment-là, je sens une distance se créer entre Charles et moi. Jusqu'à maintenant, nous étions sur la même longueur d'onde. Malgré ma motivation, je ne me sens pas d'y aller. Pour moi, l'engagement est trop important. Aller voir me paraît illusoire. J'ai du mal et je suis embarrassé car habituellement, je suis plutôt dans le camp opposé ! Dans mon coin, je contacte Yan Giezendanner, un météorologue à la retraite qui m'a routé plusieurs fois. Je veux avoir son analyse. Lorsqu'il m'annonce finalement peu de vent d'ouest, je redeviens optimiste. Nos décisions étant tellement guidées par les prévisions météo, l'analyse de Yan fut capitale et nous a décidés à larguer les amarres.

SAMEDI 9 OCTOBRE. Départ pour le camp de base avancé. Une fois arrivés, la face reste aussi magnifique qu'imposante. Un spindrift coule à flots dans la section clé. Je ne suis pas trop rassuré, mais je veux y croire. Charles aussi, je pense. Notre petite marche pour atteindre cet endroit a été douce et nous avons discuté tout du long de nos sources de motivation pour ces ascensions ambitieuses. Ces réflexions prennent encore plus de sens au pied de cette ligne. Nous connaissons les risques que l'on encourt, et le soir, difficile de ne pas être stressé. Alors je pense à Anne, qui m'attend à Monêtier-les-Bains. À mes parents, à ma vie simple en dehors de ces performances. Demain, commence l'aventure.

Benjamin et Charles –
devant la gigantesque
face nord du Chamlang

DIMANCHE 10 OCTOBRE, 4H30. Au lever du jour, nous partons. Les 300 premiers mètres donnent le ton, en traversée, sans possibilité de se protéger avec des broches à glace. Ils nous demandent une concentration extrême ! La section sous le bivouac, ensuite, est plus soutenue que prévu, nous faisons face à des longueurs délicates, sur des placages parfois fins et fragiles. Malgré toute notre bonne volonté à enchaîner les longueurs le plus rapidement possible, les heures défilent. Nous commençons à ressentir le manque d'oxygène. Arrivés à l'emplacement du bivouac, nous peinons à trouver une zone pour creuser notre plateforme, la neige manque dans cette pente raide suspendue. Charles souffre de l'altitude et est victime d'un début de gelure. Il doit s'occuper de son orteil en le frictionnant. Il me confie sa sensibilité des pieds. Espérons qu'il tiendra le coup et que le vent ne se lève pas. Peu de temps après s'être calfeutrés dans nos duvets, les spindrifts commencent à taper la tente. C'est un flux ininterrompu. Parfois, des blocs de neige tombent sur ma tête.

LUNDI 11 OCTOBRE, 5H30. Il est temps de sortir de ce piège. Aujourd'hui, nous devons surmonter la partie clé. Charles démarre par deux magnifiques longueurs de glace. L'ambiance est magique et nous sommes heureux d'avancer. Tout se passe bien jusqu'à ce que je prenne la tête. Je pars à droite, mais les spindrifts me gênent. Très vite, je m'aperçois que la suite sera trop difficile. Je fais un rappel et tente à gauche. La pression monte. Tout se passait bien, désormais le temps nous est compté. La réussite n'est pas garantie. Je m'engage alors dans une longue traversée pour rejoindre le plaquage. Je regarde ma dernière bonne protection, six mètres plus bas. Dans ce contexte, pas évident de m'engager sur cette structure glacée qui sonne creux. J'y vais. Léger, il me faut être léger. Un moment suspendu, intense, je vis là la quintessence de l'engagement en alpinisme. Avancer, sans reculer. L'issue est vers le haut.
Finalement, moyennant un peu d'escalade artificielle, nous parvenons à sortir sur le névé supérieur. Nous l'avons fait ! Ce soir, nous nous arrêtons à 6700 mètres, nous aurons fait 200 mètres en un jour.

MARDI 12 OCTOBRE, 5H30. C'est l'heure de se hisser jusqu'au sommet. Six cents mètres de dénivelé nous séparent du but. Dans la première pente de neige, Charles se plaint de son pied. Il ne le sent plus. Après deux longueurs mixtes, nous croisons enfin la lumière. La face nord-ouest est à nous, nous distinguons la crête sommitale. Les conditions sont parfaites, on ne s'enfonce que très peu, jusqu'aux talons. Quelle chance ! Je m'inquiète pour Charles avec ses pieds insensibles et son mal d'altitude qui ne cesse pas. Six cents mètres d'un coup à ces altitudes représentent un vrai challenge, d'autant plus qu'habituellement, nous allons au sommet légers en aller-retour, en laissant tout le matériel non nécessaire au dernier bivouac. De notre côté, nous prévoyons une descente par l'arête ouest, plus rapide mais inconnue. À 80 mètres du sommet, Charles prend la tête et continue son ascension vers le point culminant.

À plusieurs reprises, je l'aperçois genoux à terre, le regard vers nulle part. La pression retombe, il sait que même en rampant, il parviendra là-haut. Il est 15 heures, au sommet. Nous nous prenons dans les bras. Plus introverti, je dissimule un peu ma joie. Cette joie est aussi nuancée par le but qu'il nous faut absolument atteindre. Je veux dire : rentrer à la maison vivants. C'est ça le but final. S'amuser là-haut est une chose, mais que vaudraient tous ces souvenirs sans retour à la vraie vie ?
Il nous faut ensuite mobiliser nos forces pour assurer la descente. Nous plongeons dans la face sud-ouest. Avant d'atteindre l'arête ouest, nous dressons notre dernier bivouac sur un îlot glaciaire providentiel. On peut véritablement souffler. Quelle journée !

MERCREDI 13 OCTOBRE. C'est l'heure de rentrer. Nous plions bagage et entamons la descente de l'arête ouest. En début d'après-midi, nos corps fatigués parviennent enfin sur le plancher des yaks. Le camp de base a des airs de maison, où nous retrouvons l'équipe, fière de notre aventure. Alors voilà, une réussite pareille appelle à en imaginer d'autres, toujours plus loin, toujours plus fortes. Mais je garde en mémoire la difficulté qu'a été cette ascension. Je n'oublie pas cette folle envie de faire demi-tour, ces doutes quant à la météo, aux conditions, ces dangers auxquels nous avons laissé le hasard décider pour nos vies. Je ne veux pas que la réussite balaie les sacrifices que nous avons dû faire pour en arriver là.

SAMEDI 16 OCTOBRE. Comme toujours, je suis triste de quitter ces vallées himalayennes qui ont longtemps alimenté mes rêves d'aventurier. J'ai envie de monter sur tous les sommets faciles alentour. Profiter des paysages, des lacs, des arêtes. Mais il est temps de partir. » ◊

Presque au sommet
du Chamlang, vers
7 300 mètres…

Meru

MENTOR TÉNACITÉ INDE

une histoire d'amitié & de mentors

← Le mont Meru.
voie sur le Shark's
emprunte l'éperon
centre de la face.

Jimmy Chin lors
de la tentative
de 2011. →

Le centre de l'univers. C'est ainsi que les hindous conçoivent le mont Meru, situé dans le massif du Gangotri. La ligne directe sur son sommet central, surnommée *Shark's Fin* et signifiant aileron de requin, est une merveille culminant à 6 310 mètres. Le bouclier compact de plus de 1 000 mètres de haut, avec son caillou doré, est une invitation irrésistible pour les alpinistes, et il aura fallu pas moins de seize tentatives pour en venir à bout ! En 2011, ce sont les Américains Conrad Anker, Jimmy Chin et Renan Ozturk qui parviennent enfin à faire tomber le mythe. Une ascension extraordinaire qui va donner lieu à l'un des films ayant le plus marqué le public de [**MONTAGNE EN SCÈNE**] **:** *Meru* [WINTER EDITION 2015].

Le scénario est tellement invraisemblable que si un scénariste hollywoodien l'avait imaginé, on aurait souri devant tant d'exagération ! D'abord, le cadre : la somptueuse vallée du Shivling, lieu de pèlerinage majeur et source du Gange. Ensuite, la puissance de la figure des mentors. Conrad Anker, à l'origine de l'expédition, doit l'idée à son propre mentor, Mugs Stump, obsédé par cette ligne. Conrad patientera plusieurs années avant de tenter la ligne avec deux grimpeurs dont il deviendra lui-même le mentor : Jimmy Chin et Renan Ozturk. La force du personnage de Conrad vient aussi de la terrible mort de son meilleur ami Alex Lowe dans une avalanche qui les surprend au Shishapangma. Alex et le cameraman David Bridges sont ensevelis et disparaissent, quand Conrad s'en sort miraculeusement. Au retour, Conrad, rongé par la culpabilité du survivant, rend visite à la veuve d'Alex, Jenny, et s'occupe de ses enfants… qu'il finira par adopter après avoir épousé cette dernière. Mieux qu'une série américaine, on vous dit ! Côté montagne, le trio effectue une première tentative en 2008 qui se termine à seulement 150 mètres du sommet… À court de vivres après avoir passé dix-neuf jours dans la paroi (alors qu'ils avaient prévu pour sept jours !), ils larguent les amarres mais sont contraints de renoncer devant le risque d'un bivouac sans équipement à plus de 6000 mètres… À la descente, ils se promettent de ne jamais revenir, mais comme souvent en montagne, le temps efface la souffrance.
En 2011, ils sont de retour, même si le trio a bien failli se transformer en duo ! Lors d'un dramatique accident de ski, Renan est passé à deux doigts de la mort. Fracture ouverte du crâne, vertèbres brisées, le bilan est terrible. Jimmy, présent lors de l'accident, coordonne le secours et ramène des images glaçantes de Renan transporté d'hôpital en hôpital, en sang, dans une civière. Lors de Montagne en Scène au Palais des Congrès de Paris, ce ne sont pas moins de huit personnes qui se sont évanouies en voyant ces images… Comment Jimmy a-t-il pu filmer dans un moment si difficile ? Dans l'entretien que nous avons réalisé pour le podcast de Montagne en Scène, il nous a confié que c'est Renan lui-même qui lui avait demandé de tout enregistrer ! Ne pouvant refuser les dernières volontés d'un homme mourant, il est parti chercher la caméra, et s'est surpris à admirer la jolie lumière dans l'ambulance… Quelques jours plus tard, quand Conrad rend visite à Renan, celui-ci peut à peine parler, mais lui confirme son envie de repartir au Meru à la fin de l'année. Les médecins, pour leur part,

ne sont pas sûrs qu'il pourra remarcher un jour… Pour ne pas déprimer Renan, Jimmy et Conrad vont dans son sens, et lui confirment qu'ils réussiront l'ascension ensemble quelques mois plus tard. Sorti de l'hôpital, portant une minerve, il s'entraîne comme un forcené avec une photo du Meru sur son home trainer ! Bluffés par ses progrès, Conrad et Jimmy acceptent de l'embarquer avec eux. La présence de Renan risque de compromettre fortement leurs chances de succès, mais par loyauté, ils lui donnent la possibilité de repartir en montagne. Forts de leur expérience de 2008, ils troquent leurs sacs de couchage « one kilo » confort 15 degrés par des sacs – 20 degrés ! Côté nourriture, ils semblent avoir apprécié le jeûne de la première expé, car ils repartent avec encore moins de vivres… Profitant de magnifiques conditions de glace, ils s'élèvent de 600 mètres dès le premier jour. Sans doute trop pour Renan, qui fait un AVC et ne peut plus parler ! Jimmy et Conrad regrettent leur choix de l'avoir emmené, et pensent à la descente du lendemain. Pourtant, au réveil, Renan, qui ne peut toujours pas parler, leur indique par des signes qu'il compte bien partir en tête dans la prochaine longueur ! La réussite de cette fissure parfaite lui donne des ailes et son état s'améliore au fur et à mesure de l'ascension. La sortie au coucher du soleil est à la hauteur de leurs émotions. En l'honneur de Mugs Stump, Conrad prépare un café dans sa vieille cafetière italienne, en récitant des mantras bouddhistes. La boucle est bouclée pour une ascension entrée dans la légende. Il faudra quatre ans de plus à Jimmy pour raconter cette histoire dans le film *Meru*, avec deux obsessions : créer un récit qui puisse parler autant aux néophytes qu'à l'alpiniste le plus confirmé et, surtout, faire ressentir ce qu'il est impossible d'intellectualiser, à savoir pourquoi on s'engage dans de telles ascensions. Mission accomplie, Jimmy ! ◊

↑ Conrad Anker se lance
dans une longueur de mixte.

Seb Mor

RÉALISATEUR AUTHENTIQUE ATHLÈTE

Huit films à Montagne en Scène, record absolu ! À un moment donné, on a pensé rebaptiser notre festival *Montaz en Scène*… De la toute première édition en 2013 avec *I Believe I Can Fly*, jusqu'à la [WINTER EDITION 2022] avec *De l'ombre à la lumière*, Seb n'a cessé de se réinventer pour nous proposer des films toujours plus inspirants.

Avec une constante, une authenticité sans faille qui nous permet d'avoir l'impression de vivre l'aventure avec les protagonistes.

Adepte des petites focales, créant beaucoup de flou en arrière-plan, son style est caractérisé par un mouvement continu. Un tourbillon qui donne du rythme et traduit l'énergie et la créativité des personnes qu'il filme, de Tancrède Melet à Kilian Jornet, en passant par Vivian Bruchez ou Géraldine Fasnacht. Sur un axe authentique-esthétique, il met le curseur de plus en plus vers l'authentique, persuadé que c'est ce qu'attend le public. Au fil des années, il a eu tendance à alléger le matériel qu'il embarque avec lui en tournage. « Une caméra Red à 30 000 euros va avoir un rendu magnifique, mais elle va mettre 40 secondes à s'allumer, autant qu'un ordinateur ! Cette minute de perdue, elle peut te faire louper le moment le plus intense de la journée. »

Curieux de tout, il est du genre à faire les choses à fond, puis à zapper vers une autre activité. Toujours ce besoin de se réinventer. Jeune alpiniste, il fait partie des plus doués de sa génération, et dès le diplôme de guide en poche, il plonge à fond dans l'activité. « Je bossais deux cents jours par an, j'ai adoré ça. Ça ne laissait plus de temps et de place pour faire de l'alpinisme engagé. » À l'inverse, dès qu'il attrape le virus de la réalisation, il arrête le métier de guide. Pour lui, pour être pertinent, un guide se doit d'être sur le terrain tous les jours, pour sentir l'évolution de la montagne, des cascades, du manteau neigeux…

La vraie bascule se fait au moment de *I Believe I Can Fly*, avec les Flying Frenchies Tancrède Melet et Julien Millot. Les images bluffantes des premières highlines posées dans le massif du Mont-Blanc font le tour

…taz en scène !

du monde. Déjà, Seb va au-delà de la performance pure pour nous faire ressentir une émotion. Celle de deux copains qui partent faire les quatre cents coups en Norvège, avec un mélange de BASE jump et de slacklines posées à plusieurs centaines de mètres de haut… Celle de deux spectatrices en pleurs, bouleversées par une traversée en solo intégral, où toute erreur serait fatale. Créatif dans l'âme, Seb s'éclate à filmer les Flying qui mélangent musique, arts du cirque, danse et montagne.

Son autre collaboration majeure aura lieu avec Kilian Jornet, qu'il va suivre sur tout son projet *Summits of my Life*. De la tragédie de la disparition de Stéphane Brosse, racontée dans le film *A Fine Line*, à la fin du projet au sommet de l'Everest, Seb est partout. L'approche géniale qui fait de *Déjame Vivir* [WINTER EDITION 2014] l'un des meilleurs films que nous ayons eus à Montagne en Scène, c'est de ne pas rester focalisé sur les performances de Kilian. Ce sont les personnages secondaires qui crèvent l'écran, de la grand-mère de Mathéo Jacquemoud (qui viendra sur scène au Zénith pour une performance digne d'une rock star !) au si attachant Bruno Brunod, maçon du val d'Aoste à l'accent irrésistible. Bruno, qui avait établi un record totalement futuriste en 1995, en faisant l'aller-retour sur l'arête du Lion au Cervin en seulement 3 h 14 ! Quelle magie de le voir comblé dix-huit ans plus tard, en prenant Kilian dans ses bras à l'arrivée, le tout sous la caméra de Seb qui n'en rate pas une miette…

Seb, c'est aussi probablement le réalisateur de films de montagne qui a le plus la caisse au monde… À croire que les années passées à courir derrière Kilian ont dû lui forger les poumons autant que le mental ! Dans *Le Diamant des Alpes* [**MONTAGNE EN SCÈNE** WINTER 2021], il s'embarque dans un bike trip avec Vivian Bruchez et Mathieu Navillod pour skier les plus belles faces des Alpes en les reliant à vélo. Départ sous des trombes d'eau fin juin, et un enchaînement démoniaque de nuit à s'abriter sous des ponts, suivi par 4 000 mètres de dénivelé positif ! Oublié, les tournages en hélico du début de sa carrière, désormais Seb privilégie l'approche douce. Aux Grandes Jorasses, il monte tout seul au sommet pour filmer Charles Dubouloz au drone à la sortie de *Rolling Stones*. Une performance sacrément engagée quand on connaît le glacier crevassé de la face sud…

L'engagement, c'est aussi ce qui caractérise la suite que veut donner Seb à sa filmographie. Témoigner de l'impact du réchauffement climatique, du recul de la biodiversité… Un nouveau virage pour ce passionné d'apprentissage et d'enseignement. Pour un neuvième film à Montagne en Scène ? ◊

“What th[redacted] am I doing here? We have to get down!” *
Cory Richards

TÉNACITÉ HIVER FROID

Hiver-nales à 8 000 mètres

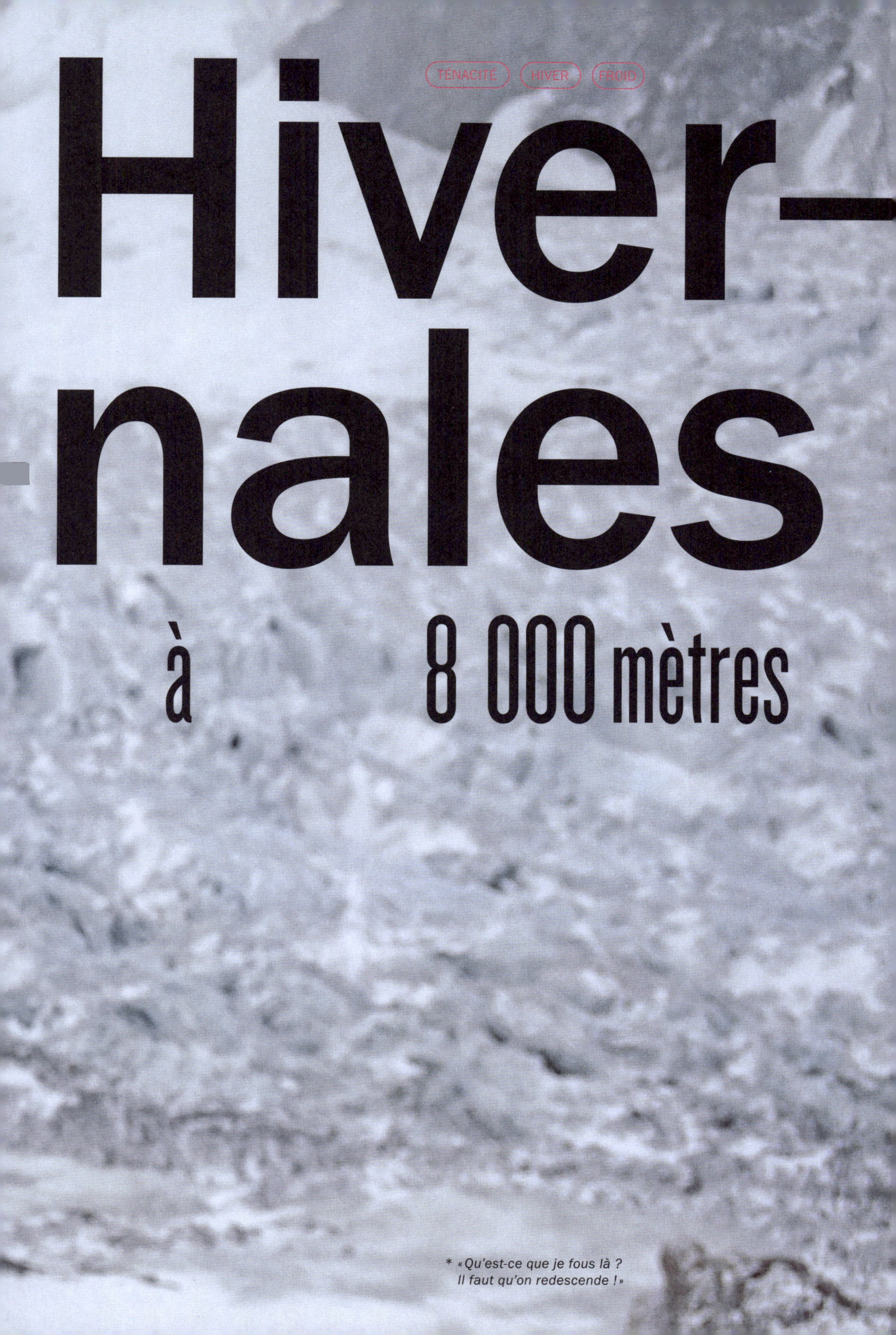

* «Qu'est-ce que je fous là ?
Il faut qu'on redescende !»

"What the fuck am I doing here? We have to get down". Ainsi commence le bien nommé film *Cold* [**MONTAGNE EN SCÈNE** WINTER 2013] sur la première ascension du Gasherbrum II en hiver, par Denis Urubko, Simone Moro et Cory Richards. Sur les quatorze sommets de plus de 8000 mètres que compte la planète, neuf sont situés en Himalaya et cinq dans le Karakoram. Étonnamment, il aura fallu attendre 2011 pour qu'un 8000 soit gravi en hiver dans le Karakoram ! La «zone de la mort» n'ouvre que rarement ses portes.

L'hiver est, avec la mousson, la pire période pour tenter de gravir ces géants à cause du mauvais temps persistant, et surtout des vents violents qui provoquent des chutes de pierres et assèchent la montagne. Les températures, rarement clémentes à cette altitude, peuvent devenir tout simplement invivables. Au jeu de la souffrance et de la persévérance, les Polonais sont les maîtres incontestés. Ils commencent par le plus haut d'entre eux, l'Everest, en 1980 (Krzysztof Wielicki et Leszek Cichy) et raflent les sept premières hivernales à 8000 mètres ! Il faudra attendre 2009 pour qu'une cordée ne comportant aucun Polonais se dresse sur un 8000 en hiver, et il s'agit déjà de Simone Moro et Denis Urubko. «Simone adore la souffrance, quant à Denis, ça fait partie de son ADN soviétique», affirme Cory Richards. Au G II, c'est Denis qui tire la cordée et fait la trace presque tout le long. Au sommet à quatre pattes, Simone tousse du sang... Cory est lucide sur le danger qui les guette : «Pas de célébration au sommet, on n'est qu'à la moitié du chemin... La descente ? C'est là que tout le monde meurt...» Une tempête les enveloppe instantanément, apportant son lot de neige et de plaques à vent. Soudain, une énorme avalanche les emporte, dont ils sortent miraculeusement indemnes. Au camp de base, c'est la fin de la peur et de la souffrance. Cory se demande s'il est finalement à la hauteur de tels challenges : «Je n'en sais toujours rien. Personne n'est à sa place ici.»

Suite à ce succès sur le Gasherbrum II, les appétits s'aiguisent sur les autres sommets du Karakoram. Les Polonais (Adam Bielecki et Janusz Golab) font leur retour en 2012 au Gasherbrum I, puis au Broad Peak en 2013 (Adam Bielecki, Artur Małek, Maciej Berbeka et Tomasz Kowalski). Malheureusement, Maciej et Tomasz, exténués, bivouaquent à 7900 mètres et ne redescendront pas... En 2016, après des années d'échecs, le Nanga Parbat est gravi lui aussi en hiver par Simone Moro, Alex Txikon et le Pakistanais Ali Sadpara.

Ne reste que la reine des montagnes, le K2. Magnifique pyramide dressée à 8 611 mètres, c'est la deuxième plus haute montagne du monde. En 2018, une large équipe polonaise, constituée notamment d'Adam Bielecki et ayant pour chef Krzysztof Wielicki, s'y attaque, dans un style « expédition nationale » qui n'est pas sans rappeler les premières ascensions des années 1950. Dans le film *The Last Mountain* [**MONTAGNE EN SCÈNE** SUMMER 2020], on est frappé par l'opposition entre le confort du camp de base, fait de JO à la télé et de petits fours, et la rudesse de l'escalade par – 50 degrés ! L'équipe a un atout de taille dans sa manche, celui d'avoir enrôlé Denis Urubko, maître des hivernales et des 8000. Denis a gravi les quatorze plus hauts sommets du monde, dont certains plusieurs fois, pour un total de vingt-deux ascensions ! Lors de l'acclimatation, le téléphone de Krzysztof sonne. Élisabeth Revol et Tomasz Mackiewicz sont en difficulté sur le Nanga Parbat, après avoir réalisé une ascension en style alpin par une nouvelle voie. Tomasz, d'abord atteint de cécité des neiges, voit flou. La descente est longue, et il commence à montrer des signes d'œdème cérébral et pulmonaire. Après une nuit passée dans une crevasse, les secours indiquent à Élisabeth de descendre seule, afin de faciliter l'évacuation de Tomasz. Elle dort à nouveau sur la montagne vers 6 600 mètres et, victime d'hallucinations, retire l'une de ses chaussures ! Héliportés à 4 850 mètres, Denis Urubko et Adam Bielecki se lancent dans une course pour tenter de retrouver la rescapée. Une rencontre incroyable a lieu de nuit entre Denis et Élisabeth, qui ne s'attendait pas à un tel miracle. Dans la tente, elle parle de Tomasz et de l'impossibilité qu'elle avait de l'aider… Adam confirme et lui annonce qu'ils ne peuvent pas non plus monter pour tenter de le sauver. Les trois parviennent à descendre et Élisabeth s'en tirera sans séquelles physiques, hormis des gelures superficielles. De l'avis de tous, le fait qu'elle ait pu survivre trois nuits dehors en plein hiver sur un 8000, dont une sans bivouac, constitue l'un des exploits majeurs de l'histoire de l'himalayisme. Pour l'équipe de sauveteurs, il reste le K2 à gravir. De retour au camp de base, leur expédition va pourtant tourner au vinaigre. Frustré par le manque d'engagement de l'équipe sur la montagne, Denis laisse filtrer son malaise dans les médias. Là où les autres membres du groupe pensent qu'il faut équiper de cordes fixes tout l'itinéraire, il considère que les vieilles cordes en place sont suffisantes. Il part donc s'acclimater en solo et prétexte d'une mauvaise connexion quand Krzysztof lui intime l'ordre de redescendre ! De retour dans l'équipe, il décide finalement de faire cordée avec Adam. Ils atteignent 7 400 mètres lors d'une montée d'acclimatation, mais doivent faire demi-tour dans la tempête. Un nouveau conflit s'ouvre alors sur le créneau pour un *push* vers le sommet. Pour Denis, une ascension en Himalaya ne peut être considérée comme hivernale que si elle est réalisée avant le 1er mars. Il propose donc le 25 février. Krzysztof et Adam sont d'avis que le meilleur créneau est plus tard, autour du 5 mars. Le lendemain matin, Denis part en cachette en solo pour le sommet après le petit-déjeuner ! Il croise Maciek en train d'installer des cordes fixes qui lui propose de parler à Krzysztof, mais Denis refuse. Il ne souhaite pas non plus emporter de radio, car pour lui, un secours serait de toute façon impossible s'il lui arrivait quelque chose ! Il atteint finalement 7 600 mètres après deux jours de bataille dans la tempête. Suite à une chute de quatre mètres dans une crevasse, avec une visibilité nulle, il renonce et entame la descente. Au retour, sourire narquois jusqu'aux oreilles, il quitte l'expé et rentre à pied vers la civilisation… Les autres membres organisent un nouveau *push*, mais on sent que sans Denis, le cœur n'y est plus, et ils renoncent à nouveau dans la tempête. Ne reste plus pour les Polonais qu'à regarder le saut à ski des Jeux olympiques depuis la tente au camp de base…

Le K2 sera finalement gravi par une équipe de dix Népalais le 16 janvier 2021. Symboliquement, c'est une belle histoire que des Sherpas, souvent habitués aux seconds rôles, soient les premiers à réussir le challenge. En revanche, l'utilisation de bouteilles d'oxygène, contrairement aux expéditions précédentes, laisse ouvert le challenge d'une ascension *by fair means*… ◊

Adam Bielecki au K2, lors d'une rare fenêtre météo correcte.

Polski
Związek
Alpinizmu

Octobre 2013, face sud de l'Annapurna. En un mois, deux ascensions majeures vont se jouer sur cette montagne immense et mythique. L'Annapurna, premier 8000 à avoir été gravi, est aussi le plus dangereux.

On ne marche qu'une fois sur la Lune

ANNAPURNA · STYLE ALPIN · HISTOIRE

↓ Face sud de l'Annapurna. La voie *Béghin-Lafaille* emprunte une ligne directe à l'aplomb du sommet de gauche.

Dans sa vaste paroi sud, une voie directe a été tentée sans succès par Pierre Béghin et Jean-Christophe Lafaille en 1992. Lors de la descente, Pierre arrache un rappel et se tue, laissant Jean-Christophe seul, presque sans matériel. Le récit de sa descente, raconté dans le livre *Prisonnier de l'Annapurna* (Guérin, 2003), est un grand moment d'alpinisme et de survie. Vingt ans plus tard, la voie n'a toujours pas été gravie, malgré plusieurs tentatives par les meilleurs alpinistes au monde. Ueli Steck, surnommé la « Swiss Machine », est le candidat idéal pour affronter un tel challenge. En 2007, il gravit les 1600 mètres de la face nord de l'Eiger en 3h54, avant d'améliorer le record à 2h47 en 2008 !

La même année, il gravit la face nord des Grandes Jorasses en 2h21 par la voie *Colton-McIntyre*, qu'il n'avait jamais essayée auparavant… Pour Ueli Steck, le passif de la voie *Béghin-Lafaille* donne à ce projet un attrait irrésistible, peut-être encore plus fort qu'une paroi qui n'aurait jamais été tentée. En 2007, il fait un essai en solitaire, mais son ascension s'arrête après une chute de pierres qui le fait tomber de 300 mètres…

L'année suivante, il est de retour avec Simon Anthamatten, mais ils doivent porter secours à l'alpiniste Inaki Ochoa de Olza, victime d'un œdème à 7400 mètres d'altitude. Ueli parvient seul à le rejoindre, et passe la nuit à ses côtés. Malgré les soins et les médicaments prodigués, Inaki meurt dans les bras de Ueli… Marqué par ce drame, il faudra plusieurs années pour qu'il décide de retourner en face sud de l'Annapurna. En 2013, son compagnon de cordée se nomme Don Bowie, mais après leur acclimatation, et alors que les conditions semblent parfaites, ce dernier refuse de poursuivre après la rimaye. Ueli se lance donc seul dans la plus incroyable et la plus controversée des ascensions du XXIe siècle.

À 6800 mètres, il prend une photo de la face et manque de se faire emporter par une avalanche. Il se jette in extremis sur ses piolets et parvient à se rattraper, mais son appareil photo est emporté. Dès lors, il ne sera plus possible de documenter son exploit et de rapporter des preuves de son ascension… À ce moment-là, sa mentalité a changé. « Jusque-là j'étais tranquille, mais je me suis rendu compte que je me trouvais dans une immense face. J'ai réalisé que j'étais très exposé, mais au même moment, j'ai accepté. Je me suis dit que peut-être je n'allais pas rentrer à la maison, mais ça m'était égal. Maintenant, je pense que c'est faux, mais à ce moment-là, c'était comme ça. Le paradoxe, c'est que quand tu grimpes, tu es quand même concentré pour ne pas tomber ! Tu as accepté de mourir, mais tu ne veux pas mourir. Tu veux continuer le plus longtemps possible, même si pour toi c'est déjà acté que tu ne vas sans doute pas rentrer à la maison. » Il décrit des plaquages de neige incroyables qui lui permettent d'avaler le headwall (vaste bastion rocheux au milieu de la face) au pas de course. « De telles conditions arrivent peut-être une fois tous les cent ans ! » Les pentes de neige finales ne lui posent pas de problème et il parvient au sommet en pleine nuit. Saisi d'un sentiment de panique, son obsession devient d'atteindre la rimaye 2500 mètres plus bas. « En redescendant la face, j'avais de plus en plus peur. En haut, c'était clair que je n'allais pas rentrer à la maison. Mais maintenant, j'avais une chance. » Il franchit la rimaye vingt-huit heures après son départ et tombe dans les bras d'un Don Bowie tout sourire et incrédule devant une telle performance.

Une face sud,
mais de superbes
longueurs de glace. →

↓ Stéphane Benoist
dans les longueurs
dures du headwall.

Au sommet de l'Annapurna.
Yannick. ↓ / Stéphane. →

Au retour, Ueli est récompensé par un Piolet d'or pour cette ascension extraordinaire. Pourtant, dès le début, nombreux sont ceux qui contestent la véracité de son ascension. Entre l'absence de photos et des descriptions du sommet qui ont changé au fil du temps, le doute est permis… On imagine cependant mal Ueli inventer une telle histoire et mentir délibérément. A-t-il eu des hallucinations dans son bivouac ? A-t-il rêvé de son ascension au point d'être intimement persuadé d'avoir atteint le sommet même si ce n'était pas le cas ? Pour notre part, on préfère croire Ueli qui avait certainement la capacité de réaliser un tel exploit en bénéficiant des «conditions du siècle». Suite à cette ascension, il confesse avoir fait une dépression, comparable à celle des astronautes ayant marché sur la Lune, ou aux athlètes ayant gagné les Jeux olympiques. «Je ne sais pas pourquoi ça te fait mal au retour. Peut-être que tu sais que c'est une performance que tu ne pourras plus refaire. C'est fini, tu n'avanceras pas au-delà. Ce n'est pas facile à accepter que tu aies atteint ton pic. Tu sais aussi que si tu continues comme ça, tu te tues. C'est 100 % sûr. Tu dois trouver un autre chemin.»

Malheureusement, ces paroles se révèleront prémonitoires. En 2017, alors qu'il projette de gravir l'Everest par le couloir Hornbein avant de poursuivre par la traversée du Lhotse, il dévisse en solo sur les pentes du Nuptse lors de l'acclimatation. La chute, de plus de 1000 mètres, lui sera fatale. Reste la légende de celui qui, au-delà de l'ascension de la face sud de l'Annapurna, aura repoussé les limites de l'alpinisme par son approche *fast and light*, et inspiré toute une génération d'alpinistes.

Deux semaines après l'ascension de Ueli, c'est une tout autre histoire qui va se jouer exactement au même endroit. Une histoire de cordée, un voyage vers 8000 mètres de onze jours, en style alpin, et qui se terminera aux limites de la survie. Yannick Graziani et Stéphane Benoist, qui avaient déjà fait une tentative en 2010, sont de retour au pied de la face sud. Malgré la réussite de Ueli, ils désirent tout de même parcourir cette voie qui les obsède depuis trois ans. Malheureusement, les conditions ont bien changé en deux semaines, et les plaquages de neige ont disparu, laissant place à des longueurs de mixte bien plus difficiles. Après un premier bivouac à 6050 mètres, ils dorment trois nuits à 6700 mètres pour laisser passer le mauvais temps. À cette altitude, le corps ne se repose pas vraiment, et ils repartent presque plus fatigués qu'à leur arrivée… Heureusement pour eux, c'est une fenêtre météo exceptionnelle qui s'ouvre alors, et chaque jour est meilleur qu'annoncé par les prévisionnistes ! À 7300 mètres, ils trouvent un vieux friend, qui témoigne que Pierre Béghin et Jean-Christophe Lafaille avaient au moins atteint cette altitude en 1992… Il leur faudra trois jours pour franchir le headwall, la bande de rocher caractéristique aux deux tiers de

la face. Le dernier jour, ils partent légers pour le sommet. Yannick, qui a oublié ses gants à la tente, doit faire un aller-retour pour les récupérer… Ils commencent à ressentir des gelures, et Yannick sait qu'il serait peut-être plus sage de redescendre. Pourtant, conscients d'être à deux doigts de l'ascension de leur vie, ils poursuivent vers le sommet. C'est cinquante mètres sous la cime que Stéphane craque et que Yannick prend le relais pour la trace. Stéphane ne le sait pas encore, mais il fait une infection pulmonaire et a de graves gelures. C'est un spectacle magnifique qui les attend au sommet, le jour de l'anniversaire des quarante ans de Yannick. Cela fait huit jours qu'ils sont dans la face, et il leur reste à descendre plus de 2500 mètres de terrain technique. Stéphane est épuisé et ils ne parviennent à descendre que jusqu'à 7600 mètres. Yannick veut continuer vers le bas, mais ils ont perdu une frontale, et l'autre n'a plus de batterie. Au neuvième jour, ils atteignent 6050 mètres en s'éclairant une fois la nuit tombée à la lumière de leur réchaud ! Le dixième jour, ils sautent enfin la rimaye, mais en la franchissant, Yannick se blesse aux côtes… Une fois au camp de base avancé, ils appellent les secours, subissant une journée d'angoisse supplémentaire dans le mauvais temps, avant d'être héliportés vers Katmandou. Les gelures de Yannick sont superficielles, mais Stéphane est durement touché. Au retour en France, il sera amputé de presque tous ses orteils et de plusieurs phalanges.

« Pour moi, c'était clair qu'une telle ascension ne peut pas être réalisée avec de la marge. Je savais que ça allait être un jeu dangereux et limite. » Heureusement, grâce à un matériel adapté, il parvient encore à exercer son métier de guide, y compris dans de grandes parois engagées, comme la face nord de l'Eiger. Le jeu en vaut-il la chandelle ? « Je suis tellement content de ce que l'on a fait que je n'arrive pas à avoir de regrets », affirme Stéphane. L'aboutissement d'une vie dédiée à l'alpinisme et une belle histoire de cordée, pour ce qui reste l'une des plus belles ascensions du XXIe siècle. ◊

↓ Ueli.

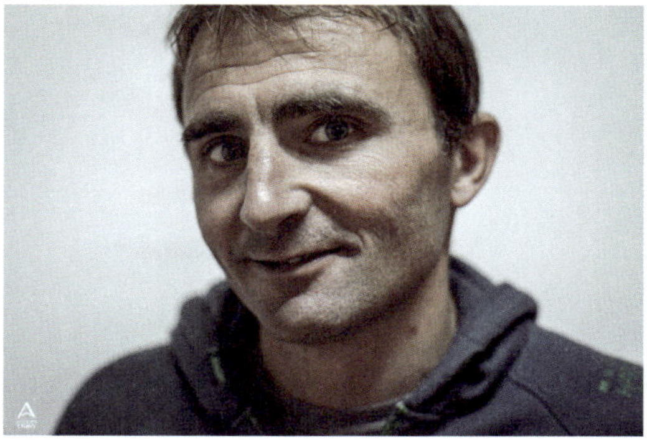

Sommet de l'Annapurna,
l'impression d'être sur
une autre planète...

« Je suis tellement content
de ce que l'on a fait que je n'arrive pas
à avoir de regrets. »

AVENTURE PATAGONIE SAUVAGE

Riso Patron

une équipe en or

À la lecture des derniers chapitres, on peut penser que l'alpinisme n'est que souffrance et drames. Pourtant, il est possible de vivre de belles aventures entre copains sur des montagnes magnifiques et que tout le monde rentre entier à la maison !

Riso Patron [**MONTAGNE EN SCÈNE** WINTER 2018], c'est un peu l'expédition de rêve pour Jérôme Sullivan, Lise Billon, Diego Simari, Martin Élias et Antoine Moineville. Une montagne sublime, difficile d'accès, au fin fond de la Patagonie. Une bande de potes soudée et tenace qui doit s'y reprendre à plusieurs fois pour parvenir au sommet. Au final, un prix du public Montagne en Scène, mais aussi un Piolet d'or récompensant les plus belles expéditions de l'année !

Lise, peux-tu nous raconter comment s'est déroulée l'expédition ?

— Tout part du Cerro Murallon. En 2012, j'ai rejoint cette expédition un peu par hasard car j'étais en couple avec Jérôme Sullivan à ce moment-là. Je n'avais pas fait beaucoup d'alpinisme dans ma vie et on s'est retrouvés dans une expédition fantastique. Trente-deux jours d'autonomie, à devoir porter des sacs très lourds, à faire des voies particulièrement techniques. Finalement, on est tous rentrés en « état de choc », on avait vécu une aventure incroyable remplie d'adrénaline. L'objectif était de retrouver cette sensation d'extraordinaire. On l'a trouvé : le Riso Patron.

Au début, on s'est dit que ce n'était pas possible car ça demandait trop de moyens. À l'époque, nous n'en avions pas beaucoup. On fonctionnait avant tout avec des bourses pour nos expéditions. La première année, on s'est fait arnaquer. On a donné tout notre liquide à un Chilien pour qu'il achète un bateau afin de nous conduire dans les fjords, mais il a acheté un hors-bord sans moteur... On a tout de même réussi à se rendre à Puerto Eden, le village de pêcheurs qui servait de point de départ. À partir de là, des pêcheurs nous ont amenés dans les fjords, au plus proche de la montagne. Ils étaient vraiment impliqués, à fond avec nous, c'était génial. À la base, ce sont des scaphandriers qui plongent pour chercher des coquilles Saint-Jacques. Quand ils sont venus nous chercher, ils nous avaient amené un seau rempli de coquilles Saint-Jacques et on les a mangées ensemble, crues, c'était la classe !

Pour moi, notre ennemi numéro 1 dans cette aventure, c'était l'humidité. Du coup, on a amené un petit poêle à bois. On a construit notre cabane dans les bois avec notre poêle, comme de vrais Robinson Crusoé. Notre cabane était parfaite ! Mais elle a vite été abandonnée car, le premier jour de beau temps, on a décidé d'aller repérer la face et Jérôme s'est luxé l'épaule en tombant dans une crevasse. On n'a jamais réussi à lui remettre l'épaule en place, donc on a dû faire demi-tour et rentrer à Puerto Eden. On n'a pas imaginé faire deux équipes, parce que c'est un endroit particulièrement reculé.

– La Cabane, amp de base, onstruite ar l'équipe.

On ne s'est pas démontés et on a décidé d'y retourner l'année d'après. Malheureusement, on n'a pas réussi à accéder au fond du fjord car il y avait trop de glace. On n'a pas atteint l'endroit où on avait fait notre camp de base l'année précédente. Le bateau nous a déposés là où il a pu, dès qu'un créneau météo de sept jours s'est présenté. Tout s'est accéléré, on n'a pas eu le temps de refaire une super cabane car on devait très rapidement partir pour tenter la voie. On a fait l'ascension, on a atteint le sommet. Tout s'est fait très vite, c'était presque un peu frustrant, on n'a pas vécu une petite vie de Robinson Crusoé dans les bois. On était tout de même super contents, on a réalisé un sacré voyage : deux jours et demi d'approche, trois jours dans la face, puis deux jours pour rentrer.

Comment est-ce que vous avez constitué l'équipe pour l'expédition ?

—

Jérôme est quelqu'un de très sociable, il avait proposé à tout Chamonix ! Antoine, on ne le connaissait pas tant que ça, mais il était très motivé pour se joindre à nous et documenter l'aventure. C'est grâce à lui qu'il y a eu le film.

Au début, j'ai beaucoup bataillé avec Antoine parce que je ne voulais pas qu'il filme autant ! Je n'avais pas envie qu'on parte en expédition pour faire un film, qu'on parte uniquement dans cette optique. Je voulais qu'on parte pour faire un sommet. Faire un film, c'était secondaire, alors que pour Antoine, c'était les deux en même temps. On était en désaccord sur ce point, mais après nos discussions, on a réussi à trouver une entente et ça a été une super expérience de cumuler expédition et film. Antoine a vraiment donné de sa personne pour réussir ce film !

L'isolement de ces expéditions en Patagonie implique-t-il un engagement plus fort ?

—

L'isolement crée l'engagement, c'est certain. Les expéditions sont plus engagées en Patagonie qu'en Himalaya, par exemple. En Himalaya, il y a des hélicoptères à peu près partout. Là, même à Puerto Eden, aucun hélicoptère ne pouvait venir, donc on pouvait encore moins compter sur une aide potentielle sur le glacier. C'est justement ce côté inexploré qui m'attire. Tu te retrouves être la première personne à marcher à ces endroits. Personne d'autre n'est jamais venu.

C'est un pari, on va voir si ça marche. La première année, on ne savait pas s'il serait possible d'accéder à la montagne. Mais tant que tu n'y vas pas, tu ne sais pas. Ce qui était génial lors de l'expédition au Riso Patron, c'est que l'aventure commençait à Puerto Natales, bien avant l'approche et l'ascension. Rencontrer des obstacles et trouver un moyen de les surmonter, ça c'est palpitant. C'est comme au Cluedo, tu cherches des indices et tu tentes de résoudre l'enquête.

Lors de la deuxième tentative, on voit que vous vous retrouvez bloqués et dans l'obligation de changer d'objectif. Au lieu de faire le sommet sud, vous vous attaquez au pilier nord-est du sommet central. La décision a-t-elle dû se prendre rapidement ?

—

Comme je l'ai expliqué, les pêcheurs ont tenté de nous amener au plus loin dans le fjord, mais on s'est retrouvés bloqués par la glace. On savait à ce moment-là qu'il serait impossible d'atteindre le sommet sud du Riso Patron. On a pris le temps de bien explorer les cartes. Ce sommet central, c'était notre plan B, on l'avait en tête, ce qui nous a beaucoup aidés. De toute façon, on était là, au bout du monde, on n'avait aucune envie de rentrer à la maison !

« En trente ans, ce glacier a perdu 17 kilomètres, c'est un lac maintenant. »

↑ Lise Billon (à gauche) et Mélissa Le Nevé.

← Le bateau de pêcheur qui leur permet d'atteindre le fond du fjord.

Ce sommet central, il avait été ouvert en 1988 par une équipe italienne, mais il n'avait jamais été refait depuis ?
—
Non, et d'ailleurs personne ne l'a refait depuis notre ascension. Personne ne va là-bas, c'est l'enfer ! Il faut du temps et de l'énergie et il faut accepter que tu puisses dépenser ce temps et cette énergie pour rien. Maintenant, tout le monde va à El Chalten, il y a un super topo, des bars, tu fais la fête tous les soirs, tu dors dans de vrais lits… Et en plus, tu peux pratiquement t'assurer l'ascension d'un sommet, ce qui n'est pas du tout le cas ailleurs en Patagonie.

Comment se traduit l'impact du réchauffement climatique en Patagonie ?
—
C'est la même chose que dans les Alpes mais puissance dix. Par exemple, le glacier que l'on avait traversé au Cerro Murallon n'est plus traversable. En trente ans, ce glacier a perdu 17 kilomètres, c'est un lac maintenant. Les faces sont beaucoup plus sèches : avant, elles étaient en conditions en juillet. Maintenant, il faut y aller en plein hiver, sans certitude. Les approches sont de plus en plus complexes, d'autant plus qu'il n'y a ni train, ni téléphérique, ni ville ou village à des endroits réguliers. Et au Riso Patron, il y a également une forêt dense et vierge.

- Ouverture e la voie *Hasta as Webas* au .iso Patron.

Comment réussir à ce qu'il y ait plus de femmes qui partent en expédition ?
—
Pour donner une idée, le premier groupe féminin d'alpinisme soutenu par des fédérations a été créé en 2005 ou 2006, c'est récent. À ce moment-là, il y avait quinze femmes guides. Depuis qu'ils ont créé ces équipes, on a dépassé la quarantaine de femmes guides. Les effectifs ont presque triplé et, aujourd'hui, le nombre de femmes explose. Tous les pays en Europe, que ce soit l'Allemagne, la Suisse, ou l'Espagne, ont de plus en plus d'équipes de filles. C'est un travail de longue haleine qui est en train de porter ses fruits. Il y a encore un déséquilibre entre les hommes et les femmes en France, mais l'écart se réduit en montagne grâce en partie à l'énergie investie par les fédérations.

Ce qui est certain, c'est que tu ne peux pas pousser des femmes à s'impliquer dans cette activité à risque simplement pour combler des espaces et des chiffres. Tu ne fais pas de l'alpinisme pour les lauriers ou la reconnaissance, c'est trop dangereux. Par contre, affirmer aux jeunes filles qu'elles sont capables de faire la même chose que les jeunes hommes et ouvrir des portes comme ces équipes féminines, c'est super et il faut poursuivre ces efforts ! ◊

Au bout du monde,
dans un fjord rempli
de glace…

Chapitre **03**

Escalade

Alors que le fait de grimper sur des cailloux est l'un des gestes les plus naturels du monde, l'escalade est paradoxalement un sport relativement jeune. D'abord dans l'ombre de l'alpinisme, elle est au début du XXe siècle perçue comme un moyen d'accéder aux plus hauts sommets. Pourtant, déjà à cette époque, les grimpeurs repoussent les limites du possible, notamment à Fontainebleau. *L'Angle Allain*, le premier 5+ bloc (aujourd'hui considéré comme un presque 6a !) est gravi par Pierre Allain en 1934. Le premier 7a bloc, *La Joker*, est escaladé dès 1953 par Robert Paragot ! Une performance en avance de près de trente ans quand on pense qu'il faudra attendre 1983 pour que le premier 8a en falaise soit réalisé en France… Les Bleausards étaient sans doute les grimpeurs les plus forts du monde, mais on se souvient davantage d'eux pour leurs exploits sur les grandes montagnes des Alpes, des Andes ou d'Himalaya. C'est seulement dans les années 1980 que l'escalade en tant que sport à part entière prend son envol, en majeure partie grâce au grand succès du blockbuster *La Vie au bout des doigts*, réalisé par Jean-Paul Janssen [**MONTAGNE EN SCÈNE** SUMMER 2017]. Patrick Edlinger, l'ange blond, semble danser sur le rocher en solo intégral, et son mode de vie entièrement dédié à l'escalade va inspirer toute une génération de grimpeurs. Dès lors, le niveau explose, et le premier 9a sera enchaîné par Wolfgang Güllich dès 1991. Dix ans plus tard, c'est la barrière du 9a+ qui est franchie par le *king* Chris Sharma, dans la magnifique ligne de *Biographie* à Céüse. Cette performance, immortalisée par l'équipe de Big Up Production, a donné lieu à un film légendaire qui a inspiré des milliers de grimpeurs à travers le monde. Pour notre part, c'est l'un des opus qui nous a donné envie de créer Montagne en Scène, tant nous souhaitions partager ce genre d'exploit avec un large public ! Chris Sharma, qui grimpera jusque dans le 9b+, finira par passer symboliquement le relais de « meilleur grimpeur du monde » à Adam Ondra, qui réussit juste avant lui *La Dura Dura* [**MONTAGNE EN SCÈNE** SUMMER 2014]. Côté féminin, la performance du siècle est sans conteste celle de Lynn Hill, première personne à libérer le *Nose*, sur El Capitan au Yosemite en 1993. En France, c'est Catherine Destivelle, qui fait de même dans le 8a+ dès 1988, et qui montre que les femmes n'ont rien à envier aux hommes en termes de performance… Le premier 9a féminin est gravi par Josune Bereziartu en 2002. Depuis, de très nombreuses femmes ont atteint le 9e degré, et Margot Hayes parvient même à enchaîner les mythes *Biographie* et *La Rambla*, deux voies en 9a+ [**MONTAGNE EN SCÈNE** SUMMER 2018]. Julia Chanourdie s'octroie pour sa part *Eagle-4*, cotée 9b [**MONTAGNE EN SCÈNE** SUMMER 2021], démontrant que le niveau des femmes n'a jamais été aussi proche de celui des hommes.

Toutes ces performances majeures ne sauraient faire oublier que l'escalade n'est pas qu'une question de cotation. David Lama, qui libère la voie du *Compresseur* au Cerro Torre [**MONTAGNE EN SCÈNE** SUMMER 2014], ou Alex Honnold, en solo intégral sur El Capitan, repoussent à leur manière les limites de l'activité. Mais l'escalade, c'est aussi (et surtout ?) l'aventure entre copains, si bien incarnée par Sean Villanueva et Nicolas Favresse, avec leurs instruments en bandoulière sur les plus belles parois du monde, du Venezuela à la Chine, en passant par la Patagonie. Des salles de bloc urbaines aux big walls de plusieurs centaines de mètres de haut, l'escalade est multiple et n'a pas fini son ascension !

← Stéphanie Bodet et Arnaud Petit lors d'une ascension en libre de la voie *Freerider* au Yosemite.

Les muscles saillants, un bandeau rouge dans les cheveux, Patrick Edlinger franchit un surplomb en solo intégral à Buoux. Arrivé au bout du surplomb, il lâche les deux pieds, puis une main, pour se remettre de la magnésie ! Cette séquence culte de *La Vie au bout des doigts* illustre à merveille le style Patrick Edlinger. L'absence de corde d'abord, pour celui qui considère le solo intégral comme la forme suprême de l'escalade. Une grâce folle, des mouvements au ralenti, et une danse avec le rocher pour l'inventeur de « l'opéra vertical ». Et enfin, un jeu avec la caméra, sous l'œil de Jean-Paul Janssen, qui se régale devant une prise de risque si spectaculaire.

LÉGENDE SOLO BANDANA

atrick Edlinger

La vie au bout des doigts

On a beaucoup parlé de cotations dans l'introduction de ce chapitre escalade. *La Vie au bout des doigts* est à l'opposé de cette quête de la difficulté. Dans le film, aucune cotation n'est annoncée, et le nom des voies n'est même pas mentionné ! Ce qui compte, c'est la beauté du geste et le partage d'un mode de vie. Celui de « l'ange blond » qui vit dans son camion et qui, pour s'entraîner, fait des grands écarts entre les rochers et des tractions sur un petit doigt !

Que ce soit au-dessus de l'eau à la Piade, ou à plusieurs centaines de mètres de haut à Buoux ou au Verdon, le style est le même, tout en souplesse et en fluidité. Pour Patrick, l'important n'est pas seulement d'enchaîner une longueur, mais de passer de manière harmonieuse et esthétique. Adepte du *deep water solo* vingt ans avant que ce ne soit à la mode, il semble danser au-dessus de la mer sur la musique *We Are the Robots* de Kraftwerk.

Au Verdon, dans *Opéra Vertical*, également réalisé par Jean-Paul Janssen, la musique passe à Bach. Patrick est toujours en solo, mais cette fois-ci pieds nus ! Des images légendaires qui vont inspirer des milliers de grimpeurs à découvrir l'escalade. Plus tard, Patrick Edlinger deviendra sans doute le meilleur grimpeur du monde, remportant la plupart des compétitions et devenant l'un des premiers à évoluer dans le 8ᵉ degré. Pourtant, aucune de ces performances n'eut autant d'impact que la cordée qu'il forma avec Jean-Paul Janssen pour créer ces deux films mythiques.

Quarante ans plus tard, malgré la mort de Patrick en 2012, leurs images n'ont pas pris une ride, à tel point que nous avions sélectionné le film pour la [SUMMER EDITION 2017] de Montagne en Scène. Hommage mérité pour ce monument du cinéma de montagne, qui nous aura grandement inspirés à créer notre festival ! ◊

← Patrick Edlinger dans *Overcool Babadose*.

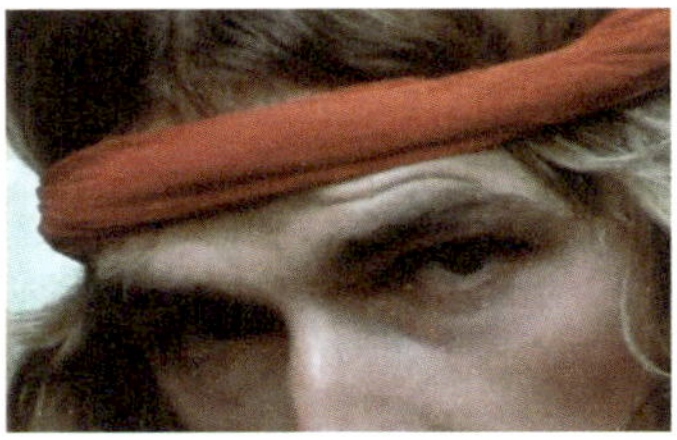

Images extraites du film mythique *La Vie au bout des doigts*.

Ambiance Verdon pour Patrick dans *Debilof*. →

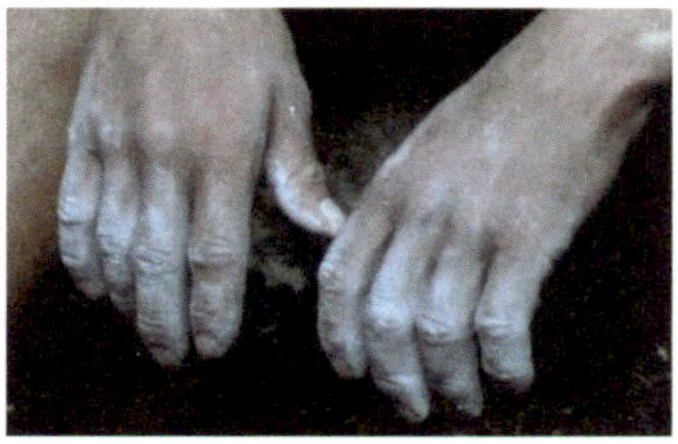

Sept [divines] **citations** de Patrick Edlinger

01 « Le solo pour moi, c'est l'escalade suprême. »

—

02 « Ce qui a d'important pour moi en escalade, c'est la façon dont tu passes. Le but n'est pas de passer un passage crispé sur des prises, de se tirer, ça n'a aucun intérêt. L'intérêt, c'est d'être le plus esthétique, le plus harmonieux possible. C'est une expression corporelle au même titre que la danse. Sauf que la chorégraphie est dictée par les prises. C'est l'opéra vertical. »

—

03 « Tu ne peux pas te dire tel jour je vais faire du solo, c'est impossible. Tu grimpes, et à un moment tu te sens très bien moralement et physiquement, tu passes au pied d'une voie et tu as envie de la faire en solo. C'est une chose qui ne se commande pas. C'est un besoin que tu ressens, et quand tu ressens ce besoin, tu y vas. »

—

04 « Tu arrives à vivre uniquement en grimpant par rapport à tout ce que tu peux ressentir dans l'escalade et tout ce que ça peut te procurer comme sensations. Au niveau de ton engagement moral, de ce que tu ressens sur le plan physique… Pour moi, l'escalade, ce n'est pas qu'un sport, c'est un mode de vie. J'arrive à y retrouver tous les besoins que je peux avoir en tant qu'être humain. »

05 « Le Verdon, c'est l'une des plus belles falaises calcaire en Europe et dans le monde. Les premières années, j'étais un peu agressé par ce canyon, puis petit à petit tu t'y habitues. Ça devient une partie de toi, et c'est un peu ton chez-toi, tu y es bien. »

—

06 « Il ne faudrait pas que les gens pensent qu'on a une vie de moine et qu'on est des fous. J'estime vivre tout à fait normalement. J'ai des périodes où je ne grimpe pas pendant plusieurs mois. Quelque chose de très important en escalade, plus que l'entraînement, c'est la motivation. Pour ressentir cette motivation, ça m'arrive d'avoir des périodes de décompression, où je fais la fête pendant un mois, ce n'est pas un problème ! »

—

07 « Quand tu fais une voie très dure, tu as le plaisir de l'expression corporelle, la dépense physique, ce qui fait que ça va te créer de petits besoins. Tu vas apprécier un verre d'eau, un sandwich… C'est intéressant à l'époque à laquelle on vit d'avoir des petits besoins, je crois. »

—

la Dura Dura

Est-il possible de désigner le meilleur grimpeur du monde ? Un exercice a priori compliqué, vu la diversité des pratiques en escalade, du circuit de Coupe du monde aux big walls d'altitude, en passant par le bloc et les voies d'une longueur.

← Chris Sharma (haut) vs Adam Ondra (bas) : duel de titans dans *La Dura Dura*.

KING LINES | CRI | 9e DEGRÉ

Chris Sharma / Adam Ondra

Certains, comme le site 8a.nu, ont essayé d'attribuer des points à chaque ascension afin d'établir un classement. Mais la quantité est-elle vraiment synonyme de qualité ? Si la recherche du meilleur peut paraître un peu vaine, force est de constater que, depuis vingt ans, deux grimpeurs se détachent du lot en termes de performances et de rayonnement : le « king » Chris Sharma et son héritier Adam Ondra. Chris a établi le premier 9a+ (*Biographie* à Céüse) et le premier 9b (*Jumbo Love* à Clark Mountain). Loin d'être un boulimique, il préfère choisir des projets hors du commun qui combinent difficulté extrême et esthétisme. C'est le cas de la sublime arche Es Pontàs à Majorque, ou encore des improbables jetés de *Three Degrees of Separation* à Céüse. Adam Ondra, lui, est vite repéré comme étant le futur de l'escalade. Premier 8a à neuf ans, premier 9a à treize ans, il collectionne les records de précocité. À vingt ans, il a déjà atteint le 9b et il est celui qui compte de loin le plus d'ascensions dans le 9e degré !

Dans *La Dura Dura* [**MONTAGNE EN SCÈNE** SUMMER 2014], on assiste au passage de témoin entre ces deux légendes, à l'occasion d'une tentative commune sur la voie la plus dure du monde. Les réalisateurs du film (et nous, les spectateurs !) se délectent de la compétition naissante entre ces deux grimpeurs que tout semble opposer. Chris, au look de rock star californienne, habite dans une luxueuse maison en Espagne. Il a une copine grimpeuse pro, un chien, et il boit des bières au bord de sa piscine. Adam vit quant à lui dans un van garé dans la poussière avec sa mère, est encore à l'école, et mange des carottes crues ! « On voudrait tous avoir le CV d'Adam, mais peut-être pas ses cheveux », affirme un journaliste dans le film.

Pour Joe Kinder, un grimpeur professionnel américain, si Chris et Adam prétendent que ce n'est pas une compétition, il s'agit au contraire de la plus belle compétition possible en escalade ! Les deux meilleurs grimpeurs du monde, sur la même voie, au même moment, pour tenter de franchir un nouveau palier de difficulté, le 9b+. Un point commun tout de même entre Chris et Adam, l'intensité de leurs cris au moment de passer les crux ! Un mélange de « Hhaaaaaa » et de grognements pour Adam, là où Chris fait résonner ses mythiques « Passsaaaattt » !

Malgré de multiples tentatives sur plusieurs séjours, Chris et Adam calent, confirmant leur impression qu'ils sont sans doute face à la voie la plus dure du monde. Pour Chris, ça ne fait pas de doute, Adam est son héritier

et il est ravi de lui transmettre le relais, et le fardeau, du titre de grimpeur le plus fort de la planète ! « Cela représente beaucoup de pression d'avoir tout le monde qui te regarde, et qui attend que tu fasses toujours plus dur, toujours plus dingue. Si Adam veut prendre la relève, je lui donne avec plaisir ! Ravi de ne plus avoir ce poids sur les épaules ! »

Au final, c'est Adam qui réalise la voie en premier, peu de temps avant Chris. Au-delà de la performance, on sent qu'Adam a beaucoup appris au contact du *king*. « J'avais l'impression que Chris était trop détendu, qu'il passait son temps à se reposer. Je me suis dit qu'il devenait vieux ! Mais maintenant, je réalise que pour des voies d'une telle difficulté, la patience est une vertu nécessaire. Donc j'aurai sans doute appris quelque chose de l'ancien ! » Pour Chris, le plus dur dans ce type de voie est de garder la motivation pour faire en sorte que le process reste fun. Suite à *La Dura Dura*, Adam s'est vraiment imposé comme le meilleur grimpeur du monde, que ce soit en compétition dès qu'il y participe, en falaise avec l'ouverture du premier 9c (*Silence*, à Flatanger en Norvège), ou même en big wall avec l'ascension du *Dawn Wall* au Yosemite en huit jours. Chris, pour sa part, est devenu entrepreneur avec la création d'un réseau de salles d'escalade et la production de documentaires de téléréalité dédiés à l'escalade avec HBO, et la star Jason Momoa… Ce qui ne l'a pas empêché, en 2023, à quarante et un ans, d'ouvrir la méga ligne *Sleeping Lion* à Siurana, qu'il propose à 9b+. Dix ans après *La Dura Dura* le *king* fait de la résistance ! ◊

↑ Adam Ondra dans *Acephale* (9b).

& dans *Honour and Glory* (9a). →

↑ Chris Sharma à l'ouverture
de *Witness the Fitness* (8c bloc).

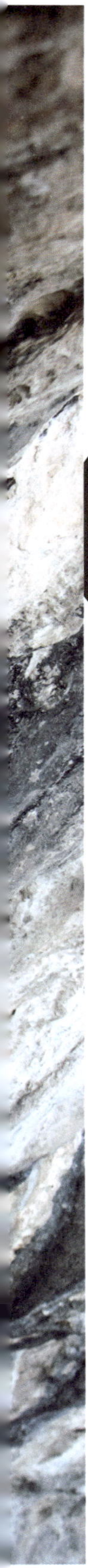

Ashima Shiraishi, Margo Hayes & Julia Chanourdie

Girl power

PERFORMANCE · PIONNIÈRES · ENTRAÎNEMENT

L'escalade a longtemps été un milieu plutôt macho. Le culte de la puissance, des gros pectoraux et des tractions à un bras ne favorisait pas franchement les femmes. JB Tribout aurait même déclaré qu'une femme ne ferait jamais de 8b+ ! Une affirmation que Lynn Hill a pris un malin plaisir à infirmer en allant grimper une voie établie par JB, *Masse critique*, au Cimaï.

↑ Ashima Shiraishi à Montagne en Scène en 2014.

← Margo Hayes et ses méthodes bien à elle...

De fait, il est difficile de dire qui, des femmes ou des hommes, sont les mieux armés biologiquement pour l'escalade. Statistiquement, plus de puissance pour les hommes, plus de souplesse pour les femmes. Plus grande taille pour les hommes, plus de légèreté pour les femmes. On peut penser que le décalage de performance entre les femmes et les hommes s'expliquait surtout par un nombre de grimpeurs bien plus important que de grimpeuses…

Fort heureusement, les pionnières telles Lynn Hill et Catherine Destivelle ont fait des émules, et on se rapproche année après année de la parité ! Ashima Shiraishi est un pur produit de cette évolution. Dans *Obe et Ashima* [**MONTAGNE EN SCÈNE** SUMMER 2014], elle pulvérise les standards de précocité hommes et femmes confondus, avec l'ascension d'un 8b bloc à dix ans ! À treize ans, elle grimpe *Open your Mind Direct* cotée 9a… La cotation de 9a+ va pourtant résister encore quelques années et certaines voies mythiques, comme *Biographie*, le premier 9a+ au monde, n'ont encore jamais connu d'ascension féminine.

C'est une relative inconnue du haut niveau qui franchit cette étape. Margo Hayes, dix-neuf ans en 2017, est une ancienne gymnaste de compétition. Enfant, elle écrivait dans ses carnets ses objectifs de performance. « Ma vie, c'est la gymnastique, le Graal, ce sont les JO, je veux gagner l'or olympique. » Pour peser moins sur la balance, elle se rase la tête… Victime d'une fracture du pied, elle masque la blessure à ses entraîneurs et va tremper son pied dans les toilettes entre les essais pour calmer la douleur par le froid ! Son club de gym partageant les locaux d'une salle d'escalade, elle s'essaie au bloc et réalise qu'elle a de grandes facilités. Elle garde sa détermination sans faille et l'applique à l'escalade, ce qui lui fait franchir très rapidement les échelons de la difficulté. Dans *Break on Through* [**MONTAGNE EN SCÈNE** SUMMER 2018], elle s'attaque à *La Rambla*, l'un des premiers 9a+ au monde, équipé par Alex Huber et Dani Andrada. Le style de grimpe de Margo, tout en ouverture de hanche et de crochetés de talon au-dessus de la tête, est radicalement différent de celui des hommes ayant gravi la voie avant elle ! Là où les grimpeurs font en général une à deux tentatives par jour dans ce niveau de difficulté, elle s'acharne et fait jusqu'à cinq runs par jour. Sa peau est en lambeaux, ses doigts sont en sang… Après plusieurs mois de combat, elle parvient à clipper le relais le 26 février 2017. Son émotion est à la hauteur de son ascension : historique ! Nullement rassasiée, elle se tourne ensuite vers la voie la plus belle du monde : *Biographie*. Elle a accroché dans son salon un dessin représentant l'ensemble des mouvements pour les refaire inlassablement dans sa tête. La bataille mentale est encore plus dure que dans *La Rambla*, mais dans son ascension victorieuse, elle semble presque avoir de la marge ! Un mythe est tombé, et la porte est grande ouverte pour les femmes dans ce niveau de difficulté.

Quelques mois plus tard, Angela Eiter passe la barrière du 9b dans *La Planta de Shiva*. Une performance égalée par Julia Chanourdie avec *Eagle-4*. Dans le film *Julia* [**MONTAGNE EN SCÈNE** SUMMER 2022], Adam Ondra confesse avoir été étonné par la performance, tant la voie est physique. Pour lui, le niveau des femmes se rapproche et pourrait bien, à terme, dépasser celui des hommes. À quand une répétition féminine de sa voie *Silence*, la première dans le 9c ? ◊

← Margo Hayes partage la joie d'enchaîner *Biographie* avec le photographe Jan Novak.

Margo Hayes lors
de l'enchaînement
↓ de *Biographie* (9a+).

↑ Julia Chanourdie
dans *Quarta Dimensione*
(8c).

↑ Julia Chanourdie dans *Ma Cabane au Canada*, un 9a magnifique à Rawy (Suisse).

Margo Hayes dans le dernier crux mythique de *Biographie*. →

Un mythe est tombé, et la porte est grande ouverte pour les femmes dans ce niveau de difficulté...

A Snowball's Chance in Hell

David Lama et Peter Ortner devant le Cerro Torre.

PATAGONIE LIBRE

David Lama

Le Cerro Torre est sans conteste l'une des plus belles montagnes du monde. Magnifique flèche de granit de 1 600 mètres de haut, son escalade est engagée, longue et difficile, quel que soit le versant envisagé. L'histoire de celle-ci est faite de polémiques et de rebondissements.

En 1959, l'alpiniste italien Cesare Maestri s'encorde avec l'Autrichien Toni Egger. Pris dans le mauvais temps, ils subissent une avalanche et ce dernier disparaît. Maestri annonce avoir fait le sommet, mais n'a aucune photo pour corroborer son ascension. Très vite, des doutes émergent sur la véracité de son exploit. Il faudra plus de vingt ans pour que la voie soit refaite, et les seconds ascensionnistes découvrent un itinéraire bien plus dur que celui décrit par Maestri. Aujourd'hui, le consensus est que Cesare Maestri n'a jamais gravi cette voie… Vexé, il retourne au Cerro Torre, et à l'aide d'un compresseur (sorte de perceuse de 180 kilos) plante des pitons tous les mètres… Ils parviennent sous le champignon de glace sommital, mais ne montent pas dessus, considérant que la voie s'arrête à la fin du rocher. Le Cerro Torre est en quelque sorte devenu la via ferrata la plus dure du monde… À la descente, ils abandonnent le compresseur qui reste en place et donnera son nom à la voie. Il faudra des années pour que des grimpeurs parviennent à gravir cet itinéraire sans ces pitons.

En 2012, Hayden Kennedy et Jason Kruk arrivent à passer en artificiel sans utiliser les points de Maestri. À la descente, ils arrachent une centaine de points, considérant que les techniques de Maestri étaient un outrage et qu'il avait volé cette escalade aux générations futures. De retour à El Chalten, ils sont accueillis par des huées et menacés par des locaux qui les accusent d'avoir porté atteinte à l'histoire de la montagne… Ils sont même transférés dans la prison du village par la police, puis expulsés d'El Chalten !

Au même moment, le prodige autrichien David Lama est sur place pour tenter un projet démesuré : être le premier à libérer la *Voie du compresseur*. C'est-à-dire non seulement de se passer des pitons de Maestri pour progresser, mais aussi de ne pas recourir à l'escalade artificielle et d'enchaîner les longueurs. L'avènement du 8e degré en Patagonie ! David est sans doute la personne la plus compétente au monde pour s'attaquer à un tel challenge. Champion du monde d'escalade en bloc et en difficulté à dix-neuf ans, il estime n'avoir plus rien à prouver en compétition et se tourne vers la montagne. Le Cerro Torre lui offre l'opportunité de montrer qu'il peut se transformer en alpiniste. Pourtant, la première expédition qu'il effectue en 2009 est un désastre. Son sponsor Red Bull finance un film sur sa tentative et une lourde équipe de tournage est présente. Ils équipent

Dans le champignor
de glace surplomban
de la face oues
du Cerro Torre. –

l'intégralité de la voie de cordes fixes et ajoutent de nombreux spits, sur une face qui n'en manquait pas… Dans le film, on voit un David frustré, qui doit sans cesse contourner des cordes fixes, répondre à des questions des caméramans en grimpant, et même tirer son second de cordée pas au niveau… Après un mois de galère, ils abandonnent en laissant en place une partie du matériel, ce qui provoque une avalanche de critiques sur Internet. Lors d'une rencontre, Reinhold Messner lui-même conseille à David de faire l'ascension, mais d'abandonner l'idée de film. Selon lui, le film ne montrerait jamais l'équipement mis en place pour l'équipe de tournage, l'hélicoptère utilisé pour les images aériennes, les cordes fixes… En réponse à cette accusation, *Cerro Torre* [**MONTAGNE EN SCÈNE** SUMMER 2014] est au contraire un docu-vérité qui montre l'intégralité du processus !

En 2010, David est de retour, cette fois-ci avec Peter Ortner comme compagnon de cordée. Pas franchement contemplatifs, ils sont faits pour s'entendre : « Peter et moi avons la même approche en montagne. Il ne me dira jamais : "Regarde, un chamois !" Et ça tombe bien, je n'en ai rien à battre des chamois ! » Nouvelle tentative, mais même issue. Le Cerro Torre est couvert de givre, ce qui rend une progression en libre impossible. Après avoir calé une première fois à la même altitude qu'en 2009, David et Peter finissent par parvenir difficilement au sommet, en tirant sur les points de Maestri. Pour David, c'est une révélation : « Au sommet, je me suis rendu compte pour la première fois que je n'étais plus dans une salle d'escalade en compétition. Personne n'était là à me regarder, pas d'arbitre, pas de public. Il n'y a pas de règles en réalité, ce sont uniquement ton attitude et tes choix qui comptent à la fin. »

David devra attendre 2012 pour effectuer une nouvelle tentative. Les pitons de Maestri ayant été en partie retirés, l'équipe de tournage ne peut plus gravir la voie. Plutôt que de planter à nouveau des spits, ils gravissent la sublime face ouest, composée de meringues de glace verticales, rendues orange par le coucher du soleil. L'idée est de filmer l'ascension de David dans le headwall final en rappel depuis le sommet. Les images des dernières longueurs sont somptueuses. Le caillou est douteux et les endroits pour placer les protections sont rares… David engage et parvient à enchaîner tout le mur final. Trois ans après la polémique, il écrit l'histoire en devenant le premier à gravir le Cerro Torre en libre. La fusion entre l'alpiniste de haut niveau et le grimpeur de 9e degré est achevée et promet de grandes réalisations.

David est ambitieux et ses projets sont futuristes. Son objectif est de repousser les limites, quitte à subir de nombreux échecs, comme à l'Annapurna III, par l'arête sud-est, ou la face nord-est du Masherbrum… Au Lunag Ri, sommet vierge du Népal, il fait équipe avec Conrad Anker [**MONTAGNE EN SCÈNE** SUMMER 2018]. Lors d'une tentative, Conrad fait une crise cardiaque, et David lui sauve la vie en parvenant à le descendre au pied de la face.

De retour en 2018, il parvient au sommet en solo. Un moment suspendu, immortalisé par de sublimes images de drone. Ce sera malheureusement sa dernière ascension marquante. Le 16 avril 2019, il est pris dans une avalanche à la descente du Howse Peak au Canada, en compagnie de Jess Roskelley et Hansjörg Auer. À vingt-neuf ans, c'est sans doute le plus grand espoir de l'alpinisme qui disparaît prématurément. ◊

↑ David Lama au sommet
du Lunag Ri.

Alex Honnold fait
du Alex Honnold
à *Thank God Ledge*,
Half Dome, Yosemite.

SOLO · YOSEMITE · SOURIRE

Alex Honnold
au Fitz et en solo

Alex Honnold est sans doute aujourd'hui le grimpeur le plus connu au monde. Une série de solos incroyables, couronnée par l'ascension en solo intégral d'El Capitan, lui a valu un Oscar et une renommée planétaire. Malgré tout, il y a plus d'une méprise à son sujet.

Dépeint comme « un mec bizarre aux grandes oreilles » dans les premiers films dans lesquels il apparaît, beaucoup pensent qu'Alex est quelqu'un de timide, réservé, voire asocial. Pourtant, quand nous l'avons reçu sur scène avec Kilian Jornet [**MONTAGNE EN SCÈNE** RENCONTRE AU SOMMET, 2016], il s'est révélé être l'un des meilleurs orateurs que nous ayons jamais eus ! Son attitude *no big deal* dans les films est assez loin du Alex charismatique et vif que nous avons pu rencontrer. Une autre erreur serait de penser qu'Alex Honnold ne connaît pas la peur. Lors d'une session de bloc à Fontainebleau, on l'a vu travailler *La Merveille*, un sublime bloc coté 8a+, à l'aide d'une corde. Malgré le fait qu'il était passé sans problème assuré, il n'a pas voulu l'enchaîner le même jour, préférant revenir avec au moins six crash pads ! Pas vraiment l'attitude d'un inconscient suicidaire… D'après Tommy Caldwell, Alex est au contraire l'une des personnes les plus méticuleuses et prévoyantes qu'il connaisse.

Beaucoup de gens s'imaginent par ailleurs qu'Alex ne fait que du solo intégral. Bien sûr, ce sont ses solos qui l'ont fait connaître, de *Sendero Luminoso* [**MONTAGNE EN SCÈNE** SUMMER 2014] à *Honnold 3.0* [RENCONTRE AU SOMMET 2016] jusqu'à *Free Solo*. Mais en réalité, les solos ne représentent qu'une petite portion de son activité, et Alex s'est illustré dans bien d'autres domaines. Dans *Sufferfest* [**MONTAGNE EN SCÈNE** SUMMER 2015], il parcourt des milliers de kilomètres à vélo en compagnie de Cedar Wright, faisant preuve d'une endurance à toute épreuve. Dans *A Line Across the Sky* [**MONTAGNE EN SCÈNE** SUMMER 2016], il réalise la traversée intégrale du Fitz Roy avec Tommy Caldwell. Une épopée de six jours qui représente plusieurs milliers de mètres d'escalade et des centaines de rappels pour relier la pointe Guillaumet à la pointe de l'S en passant par le Fitz Roy lui-même, les aiguilles Poincenot et Saint-Exupéry… Alex, qui n'a presque aucune expérience de l'alpinisme, a pris les mauvais crampons. Heureusement, ils croisent Rolando Garibotti et Colin Haley qui renoncent sur le même objectif de traversée et lui en donnent une paire… Au milieu du deuxième jour, ils parviennent au pied du pilier nord du Fitz Roy qu'ils escaladent en trois longueurs à corde tendue, chaussés de tennis, pour plus de 1 000 mètres d'escalade ! Au sommet du pilier, ils doivent descendre en rappel puis remonter 300 mètres jusqu'au sommet principal. Alex confesse être heureux que ce soit au tour de Tommy de prendre la tête, vu les cheminées de glace mouillées qu'ils ont devant eux… « C'est le genre de choses que je vois dans *Alpinist Magazine*, sauf que là, on le fait vraiment ! » rigole Alex. Dès que la nuit tombe, les cordes trempées gèlent, et

Un solo pou
l'histoire, Ale
dans le headwal
de *Freerider.* –

les coinceurs ne fonctionnent plus vraiment. N'ayant qu'un piolet pour deux, Alex coince ses doigts dans les trous formés par le piolet de Tommy. Ils parviennent finalement au sommet du Fitz Roy à deux heures du matin. Le confort est spartiate car ils partagent un sac de couchage et n'ont pas de tapis de sol… Pourtant, le moral reste au beau fixe, et Tommy et Alex n'arrêtent pas de glousser ! « Le plus important pour moi n'était pas tellement de gravir ces sommets, mais plutôt de vivre une aventure avec Tommy. » Au bout de six jours, ils bouclent enfin le projet le plus convoité de Patagonie, pour ce qui n'était que la première course d'Alex dans le massif ! Avec Tommy, ils recevront même un Piolet d'or, récompensant la plus belle réalisation en alpinisme de l'année. Pas mal pour un grimpeur qui savait à peine mettre des crampons !

Bien sûr, l'exploit le plus retentissant d'Alex reste le solo intégral de la voie *Freerider*, à El Capitan. Près de 1000 mètres de granit vertical, et des longueurs jusqu'au 7c+… Pour ce projet, Alex fait appel à Tommy pour travailler la voie dans les moindres détails et c'est Jimmy Chin qui est en charge de réaliser le film. Les images qu'ils immortalisent sont sans doute les plus impressionnantes jamais tournées en escalade. Pour Jimmy, l'ascension d'Alex est tout simplement l'exploit sportif le plus incroyable de l'histoire, tous sports confondus…

Suite au succès du film, la notoriété d'Alex explose, et il est instantanément reconnu dans n'importe quelle falaise où il grimpe. Il reste pourtant philosophe : « J'ai la chance d'être un grimpeur pro et de ne pas avoir à travailler à côté. À part l'escalade, je ne sais rien faire, donc si je dois prendre quelques photos avec des gens, ce n'est pas la fin du monde ! » Il profite également du succès de *Free Solo* pour lever des fonds en faveur de la Honnold Foundation qui aide à l'installation de panneaux solaires. Une fondation à laquelle il reverse un tiers de ses revenus depuis plusieurs années. « Suite à un tournage que j'avais fait pour une banque, j'ai touché pas mal de royalties. On me voyait à peine à l'image, et je n'avais fait que grimper, ce n'était vraiment pas un job éreintant. En une journée, j'ai gagné plus que ma sœur en un an de travail de prof. J'ai trouvé ça vraiment injuste, et je me suis dit qu'il fallait que je donne une partie de cet argent. »

Depuis *Free Solo*, Alex affirme avoir réalisé la plupart de ses rêves en escalade. Devenu père en 2022, il jongle désormais entre vie de famille et projets de grimpe. « J'ai lu beaucoup de livres sur l'escalade, mais aucun sur la parentalité. Certaines choses méritent qu'on leur consacre un peu de temps, je vais peut-être un peu moins passer ma vie à voyager et à grimper. » Son dernier projet s'est donc déroulé juste derrière sa maison, à Red Rocks, près de Las Vegas. Une horreur consistant à traverser le massif en *one push* par les parois et les sommets emblématiques. Cent cinquante longueurs en solo, à la montée et à la descente, plus de 50 kilomètres de distance à parcourir, le tout en 32 heures… Il baptise son challenge le HURT, pour *Honnold Ultimate Redrock Traverse* et démontre qu'il n'en a pas fini avec les projets ultra longs et engagés ! La passion brûle encore pour Alex, et comme il l'écrit pour conclure son livre *Solo intégral* (Guérin, 2016) : *"The mountains are calling, and I must go!*"* ◊

* *« Les montagnes m'appellent, je dois y aller ! »*
La citation originale est de John Muir, célèbre écrivain et naturaliste américain, considéré comme le père des parcs nationaux.

AVENTURE BIGWALL HUMOUR MUSIQUE

Les aventures de **Sean Villanueva & Nicolas Favresse**

Le meilleur grimpeur du monde est-il celui qui fait du 9c comme Adam Ondra ? Ou celui capable de gravir El Cap en solo intégral comme Alex Honnold ? Ne serait-il pas tout simplement celui qui a le plus grand sourire à la fin de la journée ?

À ce jeu-là, Sean Villanueva et Nicolas Favresse sont imbattables. Armés de leurs fidèles flûtes et guitares, ils ont révolutionné l'art des sessions acoustiques suspendues en big wall.

Sean Villanueva et Nicolas Favresse installent le bivouac au Kyzyl Asker (Chine).

Black Diamond

Black Diamond

← Après la tempête
au Kyzyl Asker.

Ce talent artistique couplé à un humour mythique leur a permis de truster le Prix du public de [**MONTAGNE EN SCÈNE**] année après année, pour *Venezuela Jungle Jam* [SUMMER 2013], *Notes from the Wall* [SUMMER 2018], *China Jam* [SUMMER 2014], *Coconut Connection* [WINTER 2019], *Pathan* [SUMMER 2019]…

Mais attention, malgré la rigolade, ils ne font pas semblant d'engager. Grimper des longueurs dans le 8e degré sur les parois les plus reculées au monde, c'est accepter un sacré niveau de risque. Dans *Venezuela Jungle Jam*, ils grimpent une face de 500 mètres recouverte de végétation et présentant un dévers de plus de 60 mètres ! Au pied de la voie, ils constatent que celle-ci ressemble davantage à une jungle verticale qu'à du rocher… Le premier jour, Sean arrache cinq points et prend un vol de quarante mètres… Il s'en sort indemne, mais les mains de Jean-Louis Wertz, son assureur, sont sévèrement brûlées. L'ambiance dans la paroi est fantastique et les longueurs sublimes, mais les protections sont rares ! Après quatorze jours passés dans la chaleur moite de la jungle, ils parviennent au sommet de l'Amuri Tepui.

Ambiance radicalement opposée dans *China Jam*, où ce sont au contraire le froid, la glace et la neige qu'ils affrontent. Cette fois, ce sont les pieds de Stéphane Hanssens qui subissent des gelures… Au Kyzyl Asker, un sommet de 5842 mètres d'altitude situé sur la frontière entre la Chine et le Kirghizistan, ils passent quatorze jours en paroi. « On est partis avec 40 kilos de frites et 10 kilos de camembert pour Evrard Wendenbaum, le Français du groupe ! »
Ils affrontent une météo terrible, avec tempête de neige sur tempête de neige. Pas facile d'enchaîner du 7b à l'ombre par – 10 degrés, le tout à 5000 mètres !

« Nous sommes ici à la recherche de beaux cailloux, de bonnes aventures, d'expériences fortes, de la souffrance, et en plus de la sagesse. À voir ce qu'on va y trouver. » Après avoir subi une météo épouvantable, ils finissent par sortir dans des goulottes. « Est-ce que j'ai la gueule d'un alpiniste ? » se demande Sean. Ils parviennent au sommet de nuit après avoir brassé dans la neige en plein vent. « La douleur c'est vivre, et vivre c'est la douleur », confesse Sean à la descente devant l'état de leurs pieds et de leurs mains ! Après quatorze jours en paroi, l'hygiène commence à laisser à désirer. Pour Nico, « côté caleçon, chacun son éthique. Sean aime bien changer au moins une fois. Moi, je suis moins strict à ce niveau-là. L'avantage en altitude, c'est que les bactéries se développent moins vite, donc tu ne pues pas ! »

Dans *Notes from the Wall*, c'est le mythique mauvais temps patagon qu'ils doivent affronter alors qu'ils tentent de libérer une voie ouverte en artif sur la tour centrale du Paine. Une succession de longueurs dans le 8e degré à protéger sur de minuscules coinceurs. Leur style d'ascension sur cette expé, comme sur presque toutes les autres, est le *team free ascent* : au moins un des membres de la cordée doit enchaîner chaque longueur de la voie. Il leur arrive donc de

travailler plusieurs jours sur une longueur qui leur résiste avant de poursuivre vers le haut. Une bataille physique autant que psychologique quand il faut attendre des épisodes prolongés de mauvais temps pour faire un essai !
Siebe Vanhee, qui accompagne Sean et Nico dans l'aventure, se demande après une chute frustrante : « Contre qui je me battais ? Le rocher ou moi-même ? »
Réponse de Nico : « Siebe, tu canalises ta haine, tu descends et tu retapes un essai ! »
Au bout de quinze jours, ils parviennent enfin au sommet, mais sans avoir enchaîné la longueur 13. Problème, ils n'avaient emporté que quinze jours de nourriture ! Ils doivent donc sévèrement se rationner une fois la décision prise de réessayer la longueur manquante lors de la descente. Ils attendront au final quatre jours de plus avant de pouvoir tenter à nouveau ! Coincé dans son portaledge, Nico craque : « J'en ai marre de cette météo de merde ! Ça fait chier ! J'en peux plus, moi. J'ai envie que d'une chose, c'est de rentrer chez moi. D'être au chaud, avec ma petite femme, mon petit chien ! Comment veux-tu que j'enchaîne cette longueur avec des conditions pareilles ?!! »
Lors d'une ultime tentative, Nico atteint le sommet de la longueur 13, libérant la voie. Le reste de l'équipe peut désormais redescendre, l'âme en paix…

On laisse le mot de la fin à Sean qui a si bien résumé leur état d'esprit, à quelques longueurs du sommet du Kyzyl Asker : « Aujourd'hui, nous allons peut-être atteindre le sommet de nos rêves ! Mais le sommet de nos rêves, il n'est pas là-haut, il est ici (dans nos cœurs) ! On va là-haut pour essayer de le trouver ici. Pour trouver le sommet de ton rêve, tu n'es pas obligé de venir ici et d'avoir froid, de geler des mains et des pieds, de souffrir. Tu peux aussi bien trouver le sommet de tes rêves chez toi dans ton fauteuil au chaud. Mais c'est plus facile de le trouver ici ! Voilà, c'est tout ce que j'avais à dire. » ◊

↑ Session musique pour attendre le beau temps.

Une longueur en 7b à plus de 5000 mètres d'altitude au Kyzyl Asker. →

← Sommet de la tour centrale du Paine avec Siebe Vanhee.

« Tu peux aussi bien trouver le sommet
de tes rêves chez toi, dans ton fauteuil au chaud.
Mais c'est plus facile de le trouver ici ! »

↑ Portaledge
au Torres del Paine.

Sean hisse des
sacs en chantant
pour se donner
du courage. →

Les parois déversantes
des Tepuys au Venezuela.

Chapitre 04

Dans les airs

Voler. Sous une aile de parapente ou une wingsuit. S'élancer d'un sommet et accepter ce saut dans l'inconnu. Cette chute que l'on a tout fait pour éviter à la montée, il faut maintenant la provoquer sans hésitation. Vaincre cette peur naturelle du vide, pour évoluer dans cet environnement en trois dimensions. Réaliser un rêve d'enfant, celui de voler comme un oiseau...

Depuis qu'ils ont été inventés, les sports aériens ont toujours fasciné les grimpeurs et les alpinistes. Ils sont une sorte de joker magique pour s'éviter des descentes longues et fastidieuses, à pied ou en rappel. Une fois le sommet atteint, le plaisir que l'on prend en montagne semble s'évaporer. Tout semble plus dangereux, plus sournois. L'heure qui tourne de plus en plus vite amène avec elle un soleil de plomb qui fait tomber les pierres et fondre les ponts de neige. S'envoler du sommet, c'est remplacer ce supplice par un vol ludique de quelques minutes. C'est s'exfiltrer d'une montagne qui n'a plus de plaisir à nous donner !

Pour les highliners, l'objectif est plutôt de rester le plus longtemps possible au sommet, pour marcher en plein ciel sur un fil tendu entre deux aiguilles. Une approche poétique sublimée par les Flying Frenchies, qui parviennent même à combiner highline et BASE jump, pour des traversées sans assurance avec un parachute dans le dos...

De tous ces sports, le plus spectaculaire est sans nul doute la wingsuit. Là où le BASE jumpeur ne peut se déplacer que de quelques mètres pour s'éloigner de la paroi, le wingsuiteur peut suivre des couloirs, tourner autour des montagnes, passer par-dessus des glaciers... Dans *Treize faces du Valais*, [**MONTAGNE EN SCÈNE** WINTER 2015], Géraldine Fasnacht s'élance même du sommet du Cervin ! Une pratique réservée à une élite, tant frôler le sol à 200 km/h ne pardonne pas l'erreur...

À l'opposé de la décharge d'adrénaline du BASE jump et de la wingsuit, le vol bivouac est un jeu sans fin avec les thermiques pour se maintenir le plus longtemps possible en l'air. Dans les Alpes comme Julien Irilli ou au Pakistan comme Antoine Girard et Damien Lacaze, le parapente remplace la marche d'approche. Pour Jean-Yves Fredriksen, il sert même à effectuer des milliers de kilomètres pour traverser l'Himalaya !

Un moyen de monter, de descendre, de se déplacer, mais aussi de danser dans les airs. Jean-Baptiste Chandelier, par ses chorégraphies, nous offre des moments de poésie suspendus. Pas besoin de prétextes pour avoir envie de voler comme un oiseau !

← Parapente aux tours de Trango.

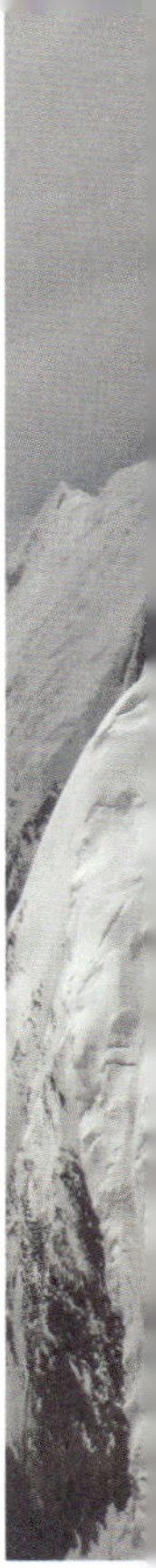

Damien Lacaze ↑
en approche
du Spantik
en parapente.

Révolution para-pente

↑ Julien Irilli.

S'il y a une pratique qui a évolué en dix ans de Montagne en Scène, c'est bien le parapente. L'arrivée des voiles monosurfaces (dont les plus légères font moins de 1 kilo !) permet désormais aux alpinistes d'emporter leurs ailes sur les plus hauts sommets.

AVENTURE POÉSIE PLANANT

Dans *Edge of Reason* [**MONTAGNE EN SCÈNE** SUMMER 2023], Benjamin Védrines décolle même du sommet du Broad Peak (8 051 m) après une montée au pas de course depuis le camp de base en 7 h 28 ! Une évolution des plus rapides pour ce sport qui n'a véritablement pris son envol qu'à la fin des années 1970…
Pourtant, il n'aura pas fallu longtemps pour que les alpinistes comprennent l'intérêt de l'engin et s'évitent les descentes fastidieuses. Dès 1988, Jean-Marc Boivin décolle du sommet de l'Everest, pour un atterrissage au camp de base onze minutes plus tard !

Trente ans plus tard, les parapentistes n'utilisent plus seulement leurs ailes pour descendre, mais également pour monter ! Dans *Lost in Karakorum* [**MONTAGNE EN SCÈNE** SUMMER 2020], Antoine Girard et Damien Lacaze tentent de gravir le Spantik en se posant directement à 6 300 mètres. L'approche se fait à la journée depuis Karimabad, en profitant des thermiques exceptionnels du Pakistan. Ces mêmes thermiques ont permis à Antoine de battre le record du monde d'ascension en altitude, en montant par ascendance à plus de 8 400 mètres au-dessus du Broad Peak ! Leur expérience montre que ce type d'approche reste très complexe et engagée… S'ils parviennent à se poser sans encombre sur le glacier, ils subissent rapidement les effets de l'altitude… Ils constatent que voler et marcher à plus de 7 000 mètres, ce n'est pas le même effort, et donc pas la même acclimatation ! Manquant le sommet, ils sont bloqués par la tempête, avec Antoine qui présente des signes d'œdème… N'ayant pas de camp de base, leur seule issue est par les airs, et c'est une éclaircie miraculeuse qui leur permet de s'échapper ! Pour Antoine, c'est le prix à payer pour ces pionniers du parapente en haute altitude, qui doivent tout découvrir et apprendre par eux-mêmes.

↑ Julien Irilli au-dessus de l'aiguille Croche, avec au fond le mont Blanc.

Dans les Alpes, le sport est plus maîtrisé, et il est désormais fréquent de voir les parapentistes s'envoler des plus hauts sommets après une ascension. Dans *Entre ciel et cimes* [**MONTAGNE EN SCÈNE** SUMMER 2017], Julien Irilli démontre tout le potentiel des nouvelles voiles légères. Il décolle de l'aiguille du Midi après avoir pris le téléphérique, et va se poser sur le glacier de Leschaux. Trois heures plus tard, il est au sommet des Grandes Jorasses après une ascension solo de la voie *Colton-MacIntyre* en face nord ! Des conditions parfaites lui permettent de décoller et de rentrer en quelques minutes à Chamonix, à l'heure pour le goûter… Quelques semaines plus tard, il part du lac d'Annecy, vole jusqu'au refuge de Tête Rousse et gravit le mont Blanc. Décollage de nuit sous la lune pour rejoindre le pied de la reine du massif, l'aiguille Verte ! Après avoir gravi le couloir Whymper, il ne peut décoller du sommet et redescend à pied jusqu'à la rimaye. Un décollage en parapente lui permet de rejoindre Planpraz, puis de retourner au lac d'Annecy par les airs. Une boucle de vingt-quatre heures, et une nouvelle façon de se jouer des distances. Pour Julien, le potentiel est infini : « C'est un processus de création, tout comme les artistes le font quand ils écrivent un morceau. Nous, on compose avec la nature et les montagnes autour de nous. »

Ce potentiel artistique a été magnifié par le roi de la voltige, Jean-Baptiste Chandellier. Dans *Touch* [**MONTAGNE EN SCÈNE** SUMMER 2014], il dévale le col du Galibier en frôlant la route avec son parapente, croisant des cyclistes ébahis ! Dans *Weightless* [**MONTAGNE EN SCÈNE** WINTER 2018], le parapente devient prétexte au jeu avec les gamins de la plage de Canoa Quebrada au Brésil. Prétexte à la danse synchronisée au-dessus du sublime cratère de Sao Miguel aux Açores. Ou encore, machine de course pour jouer du chrono avec les skieurs de descente !

↑ Damien Lacaze fait
des rencontres au Pakistan.

Le parapente, c'est aussi la possibilité de traverser des pays, voir des continents. Jean-Yves Fredriksen, aussi connu sous le nom de Blutch [**MONTAGNE EN SCÈNE** WINTER 2019], est sans doute la personne au monde ayant poussé le plus loin le concept de marche et vol. Après une traversée de l'Inde et du Pakistan, il décide de traverser l'intégralité de l'Himalaya avec son parapente et son violon. Un formidable voyage au long cours, fait de rencontres improbables, de galères sans nom et de bonheurs indescriptibles. L'aventure en somme !
La suite ? Jean-Yves évoque malicieusement que le K2 n'a jamais vu de décollage de parapentiste, et que Benjamin Védrines, également sur le coup, a intérêt à se dépêcher d'y aller !

Créativité, aventures au long cours, moyen d'approche, d'ascension et de descente, le parapente n'a pas fini de révolutionner les déplacements en montagne ! ◊

adidas
TERREX

↑ Antoine Girard face
à l'immensité du Karakoram.

En 2011, la rencontre de Sébastien Montaz-Rosset avec les skyliners Julien Millot et Tancrède Mellet va faire des étincelles. Julien et Tancrède sont parmi les premiers en France à installer des slacklines à plusieurs centaines de mètres de haut, donnant naissance à la highline.

← Tancrède Melet en solo intégral au Grépon.

EXTRÊME | CIRQUE | POÉSIE | COLLECTIF

Flying Frenchies

Le massif du Mont-Blanc et ses aiguilles acérées se prêtent particulièrement bien à cette pratique, et ils ouvrent rapidement des lignes magnifiques, comme à la dent du Géant ou aux aiguilles du Diable. Les images de ces petits bonshommes semblant voler entre deux montagnes, avec le mont Blanc en arrière-plan, font le tour du monde.

Dans *I Believe I Can Fly* [**MONTAGNE EN SCÈNE** SUMMER 2013], Julien et Tancrède ont une idée derrière la tête : tenter la BASE line, une highline avec pour seule assurance un parachute… L'entraînement a lieu au Verdon, avec un festival d'idées plus loufoques et techniques les unes que les autres ! L'un fait un saut pendulaire pendant qu'un autre le suit en BASE jump. Un autre part en salto avant avec sa voile de parachute déjà ouverte sous lui contre la falaise. En apothéose, Tancrède s'élance en BASE jump depuis un saut pendulaire qu'il conclut par un immense backflip… Les Flying Frenchies sont prêts pour la Norvège !

Sur place, on sent la magie et la complicité de deux copains qui vont réaliser un rêve. « Je t'aime », lance même Julien à Tancrède dans un grand éclat de rire ! Les sauts de BASE s'enchaînent dans une brume mystique. Ils finissent par trouver l'endroit parfait pour leur highline, même si un seul des deux côtés autorise une chute avec un parachute ! Un highliner de passage, Bernard, s'offre un aller-retour en solo intégral, frissons garantis… Pour Tancrède et Julien, le succès de leur projet de BASE line est l'accomplissement d'un rêve de longue date. Tancrède se livre sur le feu intérieur qui l'habite : « Un homme libre, c'est un homme qui ne se ment pas à lui-même et qui accomplit ses rêves. Il faut mettre la peur de

↑ Le clown Anicet Leone.

côté. Tout ça, c'est réalisable avec du travail. Un homme libre, c'est quelqu'un qui tente ce qu'il a envie de faire. »

Un mantra que les Flying Frenchies vont mettre en application à 200 % dans les années qui suivent ! Dans *Petit Bus rouge*, le cirque et la performance artistique montent en puissance. Anicet Leone développe un personnage de clown volant et déjanté. Sur la falaise de Riglos en Espagne, il saute en BASE jump au milieu d'une falaise de 300 mètres avec ses chaussures de clown ! Au-dessus du lac d'Annecy, ils font voler une batterie sous un parapente, et Tancrède fait un saut pendulaire depuis un parachute… À Millau, ils sautent du viaduc en BASE jump depuis le petit bus rouge en marche !

Le film se termine en apothéose au sommet du Grépon, après une traversée des aiguilles de Chamonix. Retour à la montagne pour Tancrède et Julien, accompagnés de Seb Brugalla et Antoine Moineville. Dans la magnifique lumière du soleil levant, ils dansent sur la ligne tendue au sommet. Moment de poésie magnifié par le solo intégral de Tancrède… Antoine confesse que la recherche de l'extrême de Tancrède l'inquiète. Mais ce moment suspendu au sommet du Grépon lui semble parfaitement naturel.

La créativité des Flying Frenchies semble sans limites. Ils vont jusqu'à tendre une highline entre deux montgolfières, que Tancrède tente de traverser vêtu de blanc, un parapluie à la main et un parachute sur le dos.

Fin 2014, ils sont de retour en Norvège pour *Back to the Fjords* [**MONTAGNE EN SCÈNE** SUMMER 2015]. En bons ingénieurs, ils ont construit une catapulte pour se faire éjecter des falaises en BASE jump ! Ce sera malheureusement le dernier projet de Tancrède que nous avons eu la chance de

↑ Tancrède tente une traversée de highline entre deux montgolfières.

Les Flyings Frenchies au Grépon. →

partager. En janvier 2016, il se tue lors de la préparation d'un vol en montgolfière. En 2017, ses amis des Flying Frenchies mettent en application son idée la plus folle : surfer sur une tyrolienne suspendue à plusieurs centaines de mètres de haut. Cela donne *Surf the Line* [**MONTAGNE EN SCÈNE** SUMMER 2018], un surf bricolé pour tenir sur le câble, un copain pour faire contrepoids en dessous, et c'est parti pour un ride de folie dans un nuage de plumes d'oie ! Un mélange de poésie, de créativité et d'extrême, pour un hommage à la hauteur du génie de Tancrède. Parti bien trop tôt, il aura vécu en homme libre et tenté de concrétiser des projets pour plusieurs vies.

À travers les films des Flying, ce sont des millions de personnes qu'il aura inspirées et incitées à poursuivre leurs propres rêves. ◊

Voyage

au long cours

Partir en ayant des centaines ou des milliers de kilomètres devant soi. Passer des cols, gravir des sommets, dormir sur place et repartir au petit matin. Pour quelques jours ou pour plusieurs mois. L'itinérance procure des sensations indescriptibles. Aller d'un point A à un point B, c'est étirer le temps. C'est entrer dans une bulle où tous les besoins sont simplifiés. Boire, manger, marcher, dormir, recommencer. Très vite, les angoisses du quotidien semblent bien loin. Les actualités anxiogènes que l'on dévore quotidiennement dans les médias paraissent insignifiantes. Seule compte la communion avec la nature et les rencontres que l'on y fait, dont l'intensité est décuplée par le sentiment d'isolement. Finalement, le moyen de transport utilisé importe peu. Que l'on soit à ski, à pied, à vélo, en parapente ou même en chien de traîneau, ce qui compte, c'est cette sensation d'être totalement immergé dans une aventure au long cours.

Pour certains, il s'agira d'aller le plus vite possible sur un trajet donné. Concernant Valentine Fabre et Hillary Gerardi, il s'agit même de relier Chamonix à Zermatt sans s'arrêter, de réduire cette Haute Route mythique en une seule longue journée.

Pour d'autres, l'itinérance n'a pour but que de revenir au point de départ. C'est le cas de Lionel Daudet qui s'est fixé pour objectif de suivre le fil de la frontière française en partant du sommet du mont Blanc. Un voyage de 10 000 kilomètres et de 500 000 mètres de dénivelé réalisé sans moyens motorisés… Nul doute qu'en revenant sur ses pas quatre cent soixante-cinq jours plus tard, Lionel n'était plus le même homme…

Parfois, cette itinérance peut se faire en ayant un dossard sur le dos et des concurrents aux trousses. C'est le cas de Lance Mackey, musher qui brave le froid de l'Alaska en compagnie de ses chiens de traîneau. Boucler les 1600 kilomètres permettant de relier Anchorage à Nome, c'est, pour Lance, autant une rédemption vis-à-vis de ses parents, qu'un bras d'honneur adressé au cancer qui le ronge. Chacun ses motivations pour partir à l'aventure…

Traverser des pays et des massifs, et pourquoi pas des chaînes de montagnes ? Jean-Yves Fredriksen s'attaque à la plus haute et la plus mythique d'entre elles : l'Himalaya. Du Tadjikistan à la Birmanie en parapente, à jouer avec les nuages, le soleil et le vent. C'est aussi accepter le risque de se confronter à la bêtise de certains hommes, et de se découvrir vulnérable face à des éléments qu'on ne maîtrise jamais tout à fait.

Partir en itinérance, c'est accepter un saut dans l'inconnu. Eliott Schonfeld, malgré son peu d'expérience de la montagne, entame une longue traversée du Ladakh à Katmandou. On n'est jamais assez prêt pour ce type de voyage, et il faut parfois se lancer quitte à apprendre sur le chemin.

Chacun à leur manière, Valentine, Hillary, Lionel, Lance, Jean-Yves et Eliott, nous montrent la voie à suivre pour réaliser nos rêves d'aventure. En espérant que ces histoires, et ce livre en général, seront la petite étincelle qui vous aidera à lancer vos propres projets !

← Sous la face nord du Cho Oyu, au Tibet.

HAUTE ROUTE · RECORD · DUO

Chamonix-Zermatt express

La Haute Route qui relie Chamonix à Zermatt en passant par les montagnes est sans doute le raid à ski le plus vieux, le plus connu et le plus parcouru du monde !

Dès 1861, l'Alpine Club inaugure une version estivale à pied, mais il faut attendre 1903 pour que l'itinéraire soit parcouru à ski.

Valentine Fabre et Hillary Gerardi sur le glacier d'Argentière.

Passage
sous le Grand
Combin.

« Ce n'est pas du tout garanti qu'on y arrive, mais ça commence à être vraiment dur de faire demi-tour quand on sait d'où on vient ! »

Michel Payot, Alfred Simond, Joseph Ravanel, Joseph Couttet et René Payot s'élancent de Chamonix le 17 janvier, avec de grands skis en bois de deux mètres de long, des peaux de phoque, un bâton de frêne d'un mètre quatre-vingts et un appareil photo qui pèse 10 kilos ! Les températures sont glaciales, « même le vin gèle » ! Ils arrivent de nuit le 21 janvier à Zermatt, épuisés et affamés. Les hôtels sont fermés, et c'est finalement grâce au curé du village qu'ils parviennent à se restaurer et à trouver un endroit pour dormir !

En 2008, Stéphane Brosse est le premier à imaginer réaliser ce parcours mythique, qui se parcourt habituellement en six jours, en moins de vingt-quatre heures. Partis à trois avec Lionel Bonnel et Laurent Favre, ils finissent finalement en 21 h 11, sans Laurent, victime d'un coup de moins bien dans la montée sous le Grand Combin. Laurent décide donc d'y retourner l'année suivante, avec Yann Gachet et Anthony Fraissard, mais les mauvaises conditions de neige les font vite renoncer. Cham-Zermatt devient une obsession pour Laurent, et il est donc de retour avec la même équipe en 2010 ! Cette fois, c'est Anthony qui craque à peu près au même endroit que Laurent en 2009. Yann et Laurent finissent à deux et parviennent à relier Zermatt en 20 h 28 ! Sur la dernière portion, c'est la femme de Laurent, Valentine Favre, qui est en charge du soutien logistique. Compétitrice de haut niveau, elle a notamment obtenu une troisième place à la Pierra Menta et aux Championnats du monde… Capable de suivre le rythme sur la fin de la traversée de Laurent, elle se met à rêver d'établir elle-même un record au féminin sur la Haute Route. « J'ai vu la souffrance, mais j'ai aussi vu le grand bonheur que cela provoque ! » confesse-t-elle dans le film *La Traversée* [**MONTAGNE EN SCÈNE** WINTER 2022]. En 2012, Laurent décède lors d'une course en montagne sur l'arête des Papillons, au Peigne. Victime d'une chute, sa corde s'est coupée sur une arête…

« C'est en montagne qu'on a vécu plein de belles choses avec Laurent. Aller en montagne, ça me permettait presque d'être avec lui. Ça m'a fait avancer. »

Se lancer dans les traces de Laurent sur un projet de Chamonix-Zermatt semble évident pour Valentine, mais il lui faudra onze ans pour se lancer dans l'aventure ! La difficulté de trouver la bonne partenaire, mais aussi peut-être une forme d'inhibition liée au fait d'être une femme… « Je suis d'une génération où on était assez timide sur les exploits sportifs. J'ai l'impression que les filles qui ont dix ans, voire vingt ans, de moins que moi osent beaucoup plus ! »

« On espère que notre aventure donnera envie à plein d'autres femmes de se lancer. Et surtout, on espère que d'autres filles vont battre notre record. Ça nous fera une occasion pour y retourner ! »

← Au sommet du mont Brûlé.

C'est finalement une rencontre presque fortuite avec l'Américaine Hillary Gerardi, championne de trail, qui va la convaincre de se lancer. Le 3 avril 2021, elles démarrent de l'église de Chamonix. Départ en footing sur la route jusqu'à Argentière, avec les skis et les chaussures de ski sur le sac à dos ! Les derniers jours ayant été très chauds, la limite de la neige s'est considérablement élevée en altitude, nécessitant davantage de portages…

Après une longue portion de nuit, elles parviennent au col du Sonadon au lever du jour. Hillary admire les premiers rayons du soleil sur le mont Blanc, qui paraît bien loin ! « Ce n'est pas du tout garanti qu'on y arrive, mais ça commence à être vraiment dur de faire demi-tour quand on sait d'où on vient ! » Une équipe de soutien est en place pour organiser les ravitos. Patates douces, saucissons, beaufort et même chips et pizzas sont au programme ! « Sur ce genre d'effort très long, on avait besoin d'une grande variété de nourriture. On ne pouvait pas prendre que des gels. Il fallait que ce soit bon pour que psychologiquement on ait envie de les manger ! »

Le passage du col de Valpelline est un enfer pour Valentine. Les crampes et les vomissements la forcent à s'allonger dans la neige. Hillary, elle-même très entamée, ne peut pas l'aider. « L'endurance, c'est aussi la persévérance », déclare Valentine. Elle s'accroche tant bien que mal et parvient à gravir ce dernier col qui ouvre la descente vers Zermatt ! Elles bouclent les 8 094 mètres de dénivelé et 106 kilomètres de la Haute Route, en 26 h 06, établissant au passage le premier record féminin. ◊

Dod Tour

FRONTIÈRE DÉMESURE RENCONTRE

« Tu veux savoir ce que j'en pense ?

Dès le début du *Dod Tour* [MONTAGNE EN SCÈNE SUMMER 2015], le ton est donné ! Le projet de Lionel Daudet de suivre exactement le fil de la frontière française est totalement délirant.

T'es complètement barjot ! »

Les chiffres, d'abord : 10 000 kilomètres parcourus, plus de 1 000 sommets gravis, 500 000 mètres de dénivelé, 465 jours, 200 compagnons de route, aucun moyen motorisé…
À titre de comparaison, 10 000 kilomètres, c'est la distance de Lisbonne à Pékin… 500 000 mètres de dénivelé, c'est comparable à ce que fait Kilian Jornet (connu pour être un stakhanoviste de l'entraînement) en un an, sachant que de longues portions du *Dod Tour* sont plates…

Mais les chiffres ne disent pas tout. Pour suivre la frontière au plus près, le Dod a dû parcourir des arêtes sur le fil, qui n'avaient pour beaucoup jamais été gravies. Il a remonté des canyons et des cascades, affronté des ronciers qui avaient la mauvaise idée de se trouver sur la frontière, bataillé dans des maquis épais… C'est que, s'il existe un chemin parfaitement balisé 50 mètres sous une arête, l'éthique de Lionel lui impose de jouer les équilibristes au plus proche de la frontière !

Pourquoi se lancer dans un tel défi ? « À la base, je suis alpiniste. Un alpiniste, c'est quelqu'un qui aime ouvrir des voies, défricher des territoires, risquer sa tête dans des pensées que nul n'a eues, risquer ses pas sur des chemins que nul n'a empruntés. C'est un peu ça l'histoire du tour de la France sur la frontière. C'est emprunter une ligne que nul n'a jamais suivie. Une ligne paradoxale car elle existe, que tout le monde la connaît, mais que personne n'a jamais suivie ! »

Né dans le plat pays de Saumur en 1968, Lionel Daudet s'est fait connaître avant tout par ses solos. En janvier 2002, il se lance dans l'un des projets les plus ambitieux jamais tentés dans les Alpes… Grimper les trois faces nord des Jorasses, du Cervin et de l'Eiger par leurs voies les plus difficiles, en un hiver, en reliant les faces à pied, à ski et à vélo dans un seul long voyage ! Pour commencer, il passe quatorze jours dans *El Dorado*, une voie extrême en face nord des Grandes Jorasses, qui n'a jamais été répétée depuis son ouverture en été par Valeri Babanov. Vu le temps qu'il va passer dans chaque voie, il ne peut pas se permettre d'attendre un éventuel anticyclone. Il affronte donc une météo terrible et des températures glaciales ! Lors de la descente (qu'il effectue dans la voie), il parvient à peine à retrouver son portaledge qui a disparu sous la neige… De retour à Chamonix, le médecin lui diagnostique de légères gelures et lui déconseille d'exposer ses pieds trop vite au froid. Il décide de poursuivre malgré tout et s'engage dans une traversée à ski Chamonix-Zermatt au cœur de l'hiver. Après avoir déclenché une avalanche, il considère la traversée trop risquée et se fait prêter un vélo pour relier Zermatt par la vallée. Son objectif dans la face nord du Cervin est la voie *Aux amis disparus*, qu'il a ouverte dix ans plus tôt avec Patrick Gabarrou. Bloqué par le mauvais temps, il passe huit jours dans la face, coincé sous le Nez de Zmutt. Quand le beau temps revient, il est accompagné par un vent violent et un froid polaire. Il prend la décision de descendre et parvient à rejoindre le pied de la face après 600 mètres de rappels. Son objectif est de rejoindre le refuge du Hörnli pour attendre de meilleures conditions avant de refaire une tentative. Mais une fois dans la cabane, c'est la douche froide. Lorsqu'il enlève ses chaussures et ses chaussettes pour la première fois depuis huit jours, il découvre des pieds noircis et en décomposition. Il passe une nuit d'horreur et de souffrance, « avec l'équivalent d'une

↑ Morgan Périssé sur l'arête est
du Forcarral dans les Pyrénées.

onglée puissance mille ». Au lever du jour, il se résout à appeler les secours via le poste d'alerte du refuge. Le bilan est terrible. « Tous les orteils du pied droit ont été amputés. Au pied gauche, il me reste un tout petit bout du gros orteil et 5 millimètres des deux petits orteils. Moi qui chaussais du 45, je vais faire du 40 maintenant ! »

Après une longue période de convalescence, il décide de tenter à nouveau ce projet dantesque en 2005. Il commence cette fois par l'Eiger, mais au bout de quelques longueurs, Lionel décide de renoncer. « Pour moi, le solo est une double ascension. Celle d'un petit bonhomme qui gravit une montagne, mais aussi une ascension intérieure. À l'Eiger, j'ai eu une révélation. J'étais parvenu au sommet de ma montagne intérieure. Il était temps pour moi d'arrêter le solo extrême. Le risque, ça aurait été de continuer uniquement pour le regard des autres, mais le feu intérieur n'était plus là. »

Connu principalement pour ses solos, il effectue ce faisant un saut dans l'inconnu sur la suite de sa carrière. Il gardera pourtant la flamme de l'exploration et de l'aventure. En 2007, il suit la frontière des Hautes-Alpes « le plus haut département de France ». Cette expérience lui donne l'idée délirante de ce tour de France sur la frontière, qu'il entreprend en 2011. Après un départ symbolique du mont Blanc, la traversée du massif lui prend trois semaines. Il faut dire que de longues portions sont finalement sauvages et accidentées, notamment entre les Grandes Jorasses et l'aiguille d'Argentière. Pour rejoindre les Aiguilles-Rouges, il lui faut gravir le canyon de Barberine à l'envers, avec de l'escalade engagée sur des dalles qui se franchissent habituellement en rappel ! Pour le reste de ce grand voyage, la polyvalence sera le maître-mot. Le lac Léman est traversé en pirogue, la frontière belge en VTT, les plages du nord en char à voile...

De passage au CERN, il rencontre le physicien Étienne Klein : « Dod prouve l'impossibilité de l'infaisable. Il fait des choses qui paraissent impossibles et, en les réalisant, il montre qu'en fait elles étaient faisables. » Pourquoi se fixer de tels objectifs ? Étienne Klein cite un poème de Jean Tardieu : « Étant donné un mur. Qu'y a-t-il derrière ? »

Le *Dod Tour*, c'est l'exploit de Lionel Daudet, mais c'est aussi une grosse aventure collective. Grâce au soutien de sa femme Véro d'abord, qui gère toute la logistique et le suit en camping-car. Elle nous partage un peu de leur intimité au retour d'une journée de VTT sous la pluie : « Ce que vous n'avez pas, c'est l'odeur. Un mélange de vase, d'humidité, de sueur aigre. Le bonheur ! »

Ce sont aussi des moments de partage, avec des gens qui le suivent sur plusieurs jours, ou qu'il croise seulement quelques minutes. « Je fais des rencontres très fortes. C'est comme si cette urgence de vivre que je ressens était condensée dans ces rencontres, parce qu'on sait qu'on ne va plus se revoir. »
La traversée des Pyrénées est épique. Martin Hélias, Morgan Périssé et le Dod restent coincés cinq semaines par le mauvais temps. Martin hésite à « appeler le syndicat des victimes de Lionel Daudet » après des journées de plus de douze heures qui se succèdent...

La Côte d'Azur est traversée en kayak et à pied, ponctuée par de l'escalade au-dessus de l'eau dans les Calanques. Dod fait également un crochet vers la Corse en voilier. Faute de vent, il doit se résoudre à utiliser un kayak pendant que le bateau poursuit au moteur !

La remontée vers les Alpes commence à Menton, avec un risque, celui de l'erreur d'inattention. « Après quatorze mois sur le *Dod Tour*, on a tendance à banaliser le danger. On le sait, la montagne reste le chef d'orchestre. Il faut demeurer vigilant jusqu'au bout ! »

Le 15 novembre 2012, il parvient au sommet du mont Blanc par l'arête de Bionnassay dans des conditions hivernales. Quatre cent soixante-cinq jours plus tard, la boucle est bouclée. En larmes au sommet, il réalise qu'il vient de terminer le voyage d'une vie. Une ascension intérieure de plus pour le « conquérant de l'inutile » le plus créatif de sa génération ! ◊

Au col infranchissable,
lors de l'ascension
du mont Blanc depuis
le col de la Seigne, point
final du Dod Tour.

The Great

The Great Alone est le film qui a le plus divisé le public de [MONTAGNE EN SCÈNE]. Élu Prix du public de la [WINTER EDITION 2016], il est l'un des films dont on nous a le plus parlé depuis. Pourtant, c'est aussi le film pour lequel nous avons reçu le plus de messages de spectateurs l'ayant détesté ! Il faut dire que le chien de traîneau n'est pas un sport très pratiqué, et que les gens n'aimant pas les chiens ont dû trouver le temps long… Malgré tout, de notre point de vue, il s'agit bien de l'un des meilleurs films que nous ayons partagé à [MONTAGNE EN SCÈNE].

De par l'originalité de l'Iditarod d'abord. Cette course au long cours, de 1600 kilomètres, se déroule en plein hiver, dans les contrées gelées et hostiles d'Alaska. Le parcours, qui relie Anchorage à Nome, doit être réalisé sans assistance, et les tout meilleurs mettent neuf jours pour en venir à bout avec leurs chiens. Mais ce qui fait la beauté du film est plus sûrement l'incroyable histoire de Lance Mackey. Lance a vécu entouré de chiens toute sa vie. À huit ans, il voit son père gagner l'Iditarod, avec une seconde de marge sur le deuxième ! « Tout ce que je voulais, c'était être comme mon père. Je ne pouvais pas essayer de plus lui ressembler ! »

Lance n'a vraiment pas eu une vie facile. À l'adolescence, son père et sa mère divorcent et son père quitte le foyer. Il gardera toute sa vie le sentiment que ce dernier les a abandonnés.
« Mon père avait quatre-vingts ans quand j'ai enfin pu aller pêcher ou chasser avec lui. Sérieux ? Quand tu sais qu'on habite en Alaska… Dès que mes enfants ont eu l'âge de marcher, je leur ai acheté une canne à pêche et un fusil. On est allé camper, on a fait de la rando, du rafting…
Tu sais ce qu'il m'a dit quand je lui en ai parlé ? "Je n'ai jamais été tellement un pêcheur…" Je m'en fous moi, tu dois apprendre à tes enfants à pêcher ! Encore maintenant, j'ai l'impression de ne pas avoir partagé assez avec mon père. On peut lui trouver des excuses, qu'il essayait juste de gagner sa vie, mais pour moi, ça n'est pas valable. Je suis devenu fou pour essayer d'attirer son attention. J'ai fait de la prison pour alcoolisme en public. Une fois, maman a dit aux flics de me laisser attendre en taule. À l'école, c'était la cata, donc maman m'a mis dans un centre de désintoxication. Mais je me suis fait virer du centre… »

Sa mère décide finalement de l'envoyer chez son père qui développe une petite ville baptisée Coldfoot, dédiée aux routiers. Mais quand il lui propose de porter les bagages des touristes à leur arrivée, Lance prend la fuite. Il atterrit à Kodiak, une ville côtière où le boom de la pêche lui permet d'embarquer sur un bateau. Malgré les conditions dantesques en mer, Lance n'en revient pas de gagner plus de 5000 $ en quelques semaines de travail. De retour à terre, il en dépense la moitié en substances en tous genres. « Ce n'était pas un mode de vie très sain… » Il fait la rencontre de Tanya, déjà mère de trois enfants. Ils se marient deux mois plus tard et partent vivre en famille dans la forêt ! Une course contre la montre commence pour qu'ils parviennent à construire une maison digne de ce nom avant l'hiver. Lance n'a qu'une scie à main pour couper les arbres aux alentours, mais ils parviennent finalement à se construire un toit !

Peu à peu, il récupère des chiens dont personne ne veut et décide de se lancer dans des courses de chiens de traîneau. En 2001, il participe à sa première Iditarod. Cela fait quelque temps qu'il a une petite boule dans la gorge, et elle grossit de jour en jour au fil

Alone

CHIENS MUSHER ALASKA

de la course. Il parvient à relier l'arrivée, mais quelques jours plus tard, on lui diagnostique un cancer. Les médecins ne sont pas confiants et lui demandent de dire au revoir à sa famille avant l'opération. Pourtant, Lance s'en sort, et malgré les conseils de prudence de son chirurgien, il se remet tout de suite au chien de traîneau.
Depuis l'opération, il souffre de gelures à un doigt à cause d'une mauvaise irrigation. Alors, pour ne pas être gêné en course, il demande à se faire amputer du doigt !

En 2007, il se lance à nouveau dans l'Iditarod. Après avoir cassé un patin de son traîneau, il doit faire 150 kilomètres sur un seul patin. Après avoir réussi à changer de traîneau, il se dirige vers la victoire.
« À 10 kilomètres de Nome, je me suis arrêté. Je me suis mis à genoux à côté de chaque chien et je les ai remerciés. Du fond du cœur. Je leur ai dit à quel point j'étais fier de ce qu'ils allaient accomplir. J'ai fini par atteindre Larry, le chien de tête. C'est le dernier à qui j'ai parlé, car c'est à lui que j'avais le plus à dire. Je l'ai regardé dans les yeux et je lui ai dit : “Larry, je sais que tu sais où on est. On est déjà venu ici plusieurs fois. Je ne sais pas si tu te rends compte qu'on va arriver en premier cette fois.” Il m'a regardé avec un petit sourire. Il m'a fait une sorte de clin d'œil semblant dire : “Oui papa, je sais.” Il a bombé le torse, sa tête est montée bien haut, sa queue s'est dressée en l'air, et pour les derniers kilomètres jusqu'à Nome, il a paradé. En gagnant l'Iditarod, j'ai réussi à atteindre mon objectif, à savoir que mes parents sont fiers de moi. »

En 2008, Jeff King, quadruple vainqueur, le suit à la trace et fait tout comme lui. Ses chiens étant plus rapides au sprint, sa stratégie est de suivre Lance jusqu'au bout, et de le semer à quelques kilomètres de l'arrivée. Si Lance s'arrête, Jeff King s'arrête. Si Lance nourrit ses chiens, Jeff King nourrit ses chiens. Quand Lance repart, Jeff King repart…
Au dernier village avant Nome, Lance s'arrête pour la nuit et indique qu'il part dormir. En entrant dans le refuge, il boit deux énormes tasses de café, s'allonge et fait semblant de dormir. Jeff King s'étend sur le sol, met des écouteurs et s'endort aussi sec. À son réveil, Lance n'est plus là : « Quand je me suis réveillé et que j'ai croisé le regard des gens dans la pièce, on aurait dit qu'ils avaient vu un tueur en série. Je me suis rendu compte que je m'étais fait avoir. »
Lance triomphe et gagne sa deuxième Iditarod. Une performance qu'il rééditera deux fois, pour porter son total à quatre victoires de suite. « Je ne fais pas la course juste pour avoir du succès. Je le fais parce que j'adore passer du temps avec des chiens, j'adore l'Alaska et j'adore les gens qui y habitent ! »

Malheureusement, quelques années plus tard, la maladie va se rappeler à lui. Le 7 septembre 2022, Lance décède suite à une rechute de son cancer de la gorge. Grâce au film *The Great Alone*, Lance Mackey a inspiré des milliers de personnes bien au-delà des passionnés de chiens de traîneau.

Sa détermination légendaire et ses come-back à répétition resteront longtemps dans les mémoires ! ◊

↑ Lance Mackey au départ
de l'Iditarod.

Jean-Yves Fredriksen,
alias Blutch,
est l'un des alpinistes
les plus polyvalents
que nous ayons accueillis
à [**MONTAGNE EN SCÈNE**].

Blutch
ou la démesure

HIMALAYA VIOLON SOLO

En ski de pente raide,
il réalise l'une des premières
répétitions du Linceul
aux Grandes Jorasses,
avec Charles Dubouloz
et Yann Borgnet.

En big wall, il signe
des premières d'anthologie,
avec ses potes Martial Dumas,
Yann Mimet et Sam Beaugey.

C'est le cas d'*Azazel* (massif
de Trango, Pakistan),
où ils passent vingt jours
sur la paroi de 1 600 mètres.

Une tempête de quatre jours permet de bien cerner la personnalité de Jean-Yves. « Le problème du mauvais temps, c'est qu'un Blutch, ça ne peut pas passer plus d'une journée sans activité. Il faut donc trouver un imbécile qui est prêt à le suivre, et c'est parti pour fixer deux longueurs jusqu'au prochain camp coûte que coûte ! Ça permet de continuer à croire qu'on peut aller au sommet, et de maintenir la motivation. » D'après Sam Beaugey, ce sont ces deux longueurs qui ont fait la différence dans le succès de l'ascension !

Plus tard, Jean-Yves découvre la haute altitude en compagnie de la légende suisse Jean Troillet. Lors d'une tentative à l'Annapurna, Jean est victime d'un AVC à 6000 mètres et Blutch parvient à le redescendre jusqu'au camp de base, lui sauvant la vie. C'est avec Jean qu'il découvre le parapente et le vol bivouac, ce qui l'amènera progressivement à imaginer son projet démesuré de traversée de l'Himalaya en parapente.

Blutch nous raconte ce cheminement : « Ils nous narguent quand même ces parapentistes quand on est dans une paroi ! Le parapente depuis les sites officiels, ça ne me fait pas rêver. Mais aller n'importe où avec mon parapente, trouver un petit carré d'herbe pour décoller, c'est magique ! J'ai commencé le parapente et le violon au camp de base de sommets de 8000 mètres avec Jean Troillet. Dans ces camps de base, il y a beaucoup d'attente, donc il faut absolument des jouets pour passer le temps ! Petit à petit, je suis rentré systématiquement en parapente à la fin des expés. Ça m'a donné la confiance pour tenter une traversée de l'Inde, puis du Pakistan, par les airs. Logiquement, je me suis dit qu'il devait être possible de relier le Tadjikistan à la Birmanie en passant par les montagnes. J'ai décidé d'y aller seul, paradoxalement pour la sécurité ! C'est un vrai choix de n'engager que ma responsabilité à moi. À deux, c'est vite compliqué. Si celui qui est devant franchit une crête et pas l'autre, c'est la catastrophe. Imagine que ton pote soit blessé dans une vallée, et que la météo t'empêche d'y retourner en volant. D'une vallée à l'autre à pied, ça peut prendre trois semaines !

J'ai eu peur de la solitude, clairement. C'est pour ça que j'ai pris le violon. Le violon me permettait de passer le temps quand ça ne volait pas, mais aussi de faire de belles rencontres. Je n'aime pas être seul, mais ça permet aussi de se chercher et de se trouver. Six ans plus tard, je n'en reviens toujours pas de la motivation que j'ai eue à l'époque. J'ai mis de côté ma solitude. Je l'ai remplie aussi en écrivant un carnet de voyage. J'ai été me chercher très loin. Aujourd'hui, je ne sais pas si j'aurais envie de me lancer dans un tel périple et de risquer de faire des mauvaises rencontres comme j'ai pu en faire.

Au Tadjikistan, très tôt dans le voyage, j'ai vécu une expérience traumatisante. Je me suis posé à côté d'un berger, et cet imbécile a laissé ses chiens me courir après avant même que je sois posé. J'ai donc été me poser un kilomètre plus loin. Il a pensé que j'étais un terroriste qui prenait la fuite, il a donc appelé les autorités qui lui ont dit de m'arrêter mort ou vif. Ce qu'il a fait. On était à 20 kilomètres de la frontière afghane, j'ai été cuisiné pendant quatre jours comme si j'étais un espion. Ce n'était pas marrant du tout. J'aime bien prendre la vie du bon côté, j'en plaisante maintenant, mais ce n'est pas un truc que j'ai envie de revivre !

Une maison perdue dans la jungle. →

Toute la suite du voyage, j'hésitais à me poser près des bergers. Mais faire un voyage comme ça, sans les rencontres, ça n'a aucun sens. Donc j'ai pris sur moi, et j'ai fait des rencontres incroyables.
Mon sac à dos pesait 45 kilos, donc j'essayais de voler le plus possible ! La marche, c'était pour prendre de l'altitude, trouver des zones de décollage par rapport au soleil et au vent. Je faisais du 100 mètres de dénivelé par heure au maximum ! En termes de distance, j'ai dû faire 99 % en l'air et 1 % à pied.

J'ai malheureusement eu quelques autres galères. J'ai notamment subi le premier vrac de ma vie en parapente ! Je n'ai pourtant pas eu l'impression de prendre des risques incroyables. J'ai pris un gros coup de vent qui m'a mis l'aile sur la tête et j'ai fini par terre… C'est embêtant, car il y a une part d'inconnu, de risques objectifs qui ne sont pas maîtrisables. J'ai cherché si je pouvais m'échapper de ce traquenard à pied, mais je m'étais écrasé au milieu de falaises… J'ai donc étalé la voile et je me suis préparé à décoller. Pour rebondir après ce type d'accident, il faut une envie terrible !

C'est peu de temps après que j'ai fait la rencontre la plus marquante de mon voyage. J'ai décollé de la vallée de l'Everest, et j'ai fait 50 bornes à l'est. Je me suis enfilé dans une gorge sauvage et j'ai trouvé un endroit à l'abri du vent, mais ce n'était que de la forêt. J'ai repéré un petit toit bleu et une plantation de bananiers. Je me suis dit que c'était bien les bananiers, comme ça, je ne risquais pas de me retrouver pendu dans un arbre à 40 mètres. Je me suis posé dans les bananiers et, très rapidement, quatre gamins m'ont entouré en me regardant comme un extraterrestre. Ils m'ont aidé à remballer et on est allés jusqu'à leur maisonnette. Quand je leur ai demandé où étaient leurs parents, ils ont été incapables de me répondre et j'ai compris qu'il n'y avait pas de parents. Ils vivaient en autarcie avec leur petit potager au milieu de la jungle. Ce qui est touchant, c'est qu'ils ont vu que j'étais bien fatigué, alors ils m'ont cuisiné un *dhal bath*, proposé du thé… Ils ont pris soin de moi pour une soirée.

Ça m'a rappelé à l'ordre, vu que j'avais aussi une famille sans moi en France… En partant le lendemain, c'était assez déchirant de les laisser seuls dans la jungle. Mais ils étaient tellement souriants, ils avaient l'air d'être autonomes. J'ai continué pendant un mois jusqu'à la Birmanie, où mon voyage s'est terminé.

De retour en France, on a fait le film, et tout le monde nous a demandé ce qu'étaient devenus les quatre gamins. Au bout d'un moment, on a décidé de consacrer une partie des bénéfices du film pour les aider. On est donc repartis avec Nicolas Alliot se remettre dans le pétrin, au milieu de la mousson, à rechercher cette petite maison perdue dans la jungle ! Une aventure à découvrir dans le film *Lumdo Kolola* ! [**MONTAGNE EN SCÈNE** SUMMER 2023]. ◊

« Il y a une part d'inconnu, de risques objectifs
qui ne sont pas maîtrisables... »

Vol à plus
de 5000 mètres
d'altitude. →

← Compagnons
de vol.

↓ Fin du périple.

HIMALAYA · CHEVAL · SOBRIÉTÉ

Eliott Schonfeld

Eliott Schonfeld n'a pas le profil type des sportifs que nous accueillons habituellement à Montagne en Scène. Il n'est pas guide, n'habite pas la vallée de Chamonix, et n'a même presque pas d'expérience en montagne ! Pourtant, il a vécu une aventure extraordinaire sur les chemins d'Himalaya. En 2017, à vingt-quatre ans, il entame un périple de plus de 2 000 kilomètres du Ladhak à Katmandou, en passant par les montagnes et la jungle. Jeune aventurier, il avait déjà arpenté le désert de Gobi, et s'était fait attaquer par un ours en Alaska ! Mais l'Himalaya, c'est pour lui « la marche au-dessus », d'autant qu'il souhaite se dépouiller d'un maximum d'objets.

Sur les chemins du dépouillement

« En Alaska, j'avais éliminé l'utile de mon sac pour ne garder que l'indispensable. Pourtant, une contradiction persistait. Je partais dans le sauvage pour me défaire de la modernité destructrice, tout en restant dépendant d'objets qui en provenaient, comme ma tente, mon duvet, mon briquet, mon pull et bien d'autres. Alors, cette fois, le but était d'arriver avec la ville dans mon sac à dos, et de remplacer tous ces objets industriels par des alternatives naturelles. »

Par son approche, Eliott démontre que l'aventure n'est pas réservée à une élite. Pas besoin d'être alpiniste professionnel pour vivre un voyage qui change une vie ! Sans expérience, mais avec une énorme volonté et l'envie d'apprendre, il nous montre la voie à suivre pour réaliser nos rêves.

Voici le récit de son expédition, telle qu'il la raconte dans le film *Himalaya, la marche au-dessus* [**MONTAGNE EN SCÈNE** WINTER 2020].

7 AOÛT
Départ de Leh au Ladhak, pour cent cinquante jours de marche. J'ai acheté un cheval, Robert, pour m'aider à porter mes affaires et mes vivres. Robert est blanc, petit et pas très gros, ce qui nous fait déjà trois points communs !

17 AOÛT
C'est la galère pour trouver de l'eau au Ladakh. Je finis par trouver une oasis. J'ai l'impression d'être un naufragé. Il y a de l'herbe en masse, une rivière et en plus, il y a des chevaux pour tenir compagnie au mien. Donc je n'ai qu'une chose à dire : baignons-nous ! Le Ladakh, c'est les Maldives ! Ce soir comme tous les soirs, c'est nouilles chinoises avec du riz. C'est tout à fait délicieux quand on a faim. Et j'ai faim.

23 AOÛT
Je commence à m'adapter à l'altitude. Chaque nouveau col est franchi un peu plus facilement que le précédent. Lentement, les montagnes défilent au rythme de nos huit heures de marche quotidienne. Et des sommets qui me semblaient inatteignables finissent par se retrouver loin derrière moi. Mon cheval est calme et semble s'accommoder de ma présence. Malgré son petit gabarit, il fait preuve d'une force impressionnante et, dans les montées, je dois le forcer à faire des pauses.

11 SEPTEMBRE
Aujourd'hui j'ai eu vingt-cinq ans. C'est la première fois que je fête mon anniversaire seul. C'est dingue comme ce jour n'a absolument aucun impact sur ce qui m'entoure. Même Robert s'en fout. Les dates et les règles humaines n'atteignent pas ces lieux, et j'apprends à ne plus faire de l'homme la mesure de toute chose. C'est très reposant de n'avoir aucune emprise sur le monde. D'être délivré de tout pouvoir. D'être un peu insignifiant. Cela rend tout moins grave. Les montagnes, elles, fêtent leurs cinquante millions d'années.
Aujourd'hui, je dois franchir un col avec un glacier. Normalement, il faudrait un compagnon pour pouvoir s'encorder. Moi, je suis seul avec Robert, donc je vais m'encorder à lui. Si je tombe, il devrait être assez fort pour tenir sa position. Par contre, c'est clair que si c'est lui qui tombe, il m'entraîne direct avec lui.

14 SEPTEMBRE
Premier arrêt dans une ville. La frénésie urbaine me rend anxieux, je veux retrouver le calme des montagnes. Mais les règles humaines s'étendent au-delà des villes.
« Avec mon cheval, on est en train d'essayer de passer un poste frontière illégalement. On marchait sur la route pour rejoindre les montagnes quand un poste de militaires nous a arrêtés et nous a dit qu'il fallait un permis pour être ici. Ils ont dit qu'il fallait que j'aille demander le permis au village précédent qui est à trois jours de marche, ce que nous n'allons évidemment pas faire. Des villageois m'indiquent un chemin alternatif, et je réussis à passer sans me faire repérer. J'espère que c'est la dernière fois !

15 SEPTEMBRE
Là, on a un problème ! Mon cheval a glissé, on a glissé sur cinq mètres. Et là, ça ne va pas bien, il n'arrive pas à se relever. J'ai fait

tout ce que je pouvais pour essayer de le redresser, mais il risquait de tomber encore plus bas. Donc je vais aussi vite que je peux pour aller au village le plus proche. Il faut que je demande de l'aide. Pour moi, c'est la fin de l'expédition, je veux juste sauver le cheval. Parce que je l'aime beaucoup ce cheval.
À l'entrée du village, je tombe sur deux bergers. En leur montrant la photo de Robert allongé sur la roche, ils acceptent de m'aider. Sur place, en pointant ma lampe sur les lieux de l'accident, je ne vois plus Robert. Ce que je craignais est arrivé. Il a dévalé la pente. Je descends en pensant le retrouver mort, mais il est là sur ses quatre pattes, avec juste quelques égratignures. Je suis donc tombé sur un cheval cascadeur ! C'est un miracle himalayen. Mon compagnon va bien, je n'ai jamais été aussi heureux de ma vie, et je lui promets de ne plus jamais le mettre en danger. Au final, ce fut une sacrée journée ! J'ai marché 20 heures au total, 65 kilomètres et 2 500 mètres de dénivelé. La plus grande journée de randonnée de ma vie, et j'espère que ça le restera !

25 SEPTEMBRE

Je fais face à une muraille blanche que Robert ne peut pas franchir. Hier, en voyant ça, j'ai compris. J'ai réalisé que Robert et moi allions devoir nous séparer. Pour moi, ça va être très dur de passer un tel obstacle, mais pour Robert, c'est impossible. Essayer de le faire avec lui, ce serait vraiment inconscient et égoïste. Je vais donc le vendre à Naran, le berger que j'ai rencontré.

29 SEPTEMBRE

La vie se fait plus rare. Entouré de ces montagnes gigantesques, j'ai l'impression d'être seul au monde, introuvable, à l'abri. Cette nature est aussi belle qu'elle m'impressionne. Pour l'instant, je ne vois absolument pas comment je pourrais réaliser mon objectif. Me séparer de ma tente, de mon duvet ou de mon réchaud serait de la folie.

6 OCTOBRE

Il y a toute une troupe de militaires qui vient de passer à 30 mètres de moi. S'ils me

← Les cols mythiques
de l'Himalaya...

captent, je suis dans la merde, parce que personne n'a le droit d'être ici, ni Indien ni étranger. J'ai l'impression qu'ils sont super nombreux. Il y a trop de *checkpoints* pour que je sois arrivé ici par erreur. Si je suis ici, c'est que forcément j'ai outrepassé les *checkpoints*. Pour retourner en terrain légal, je dois franchir un col dans la neige. Les militaires sont passés par là, et leur trace m'aide terriblement. Je trouve même un morceau de chocolat tombé de la poche d'un soldat. L'armée indienne trace des routes et nourrit les voyageurs clandestins. C'est un excellent service public ! Encore mieux, j'aperçois mes premières traces de panthère des neiges.

16 OCTOBRE

Je suis sorti des montagnes et j'ai enfin atteint la rivière. J'ai deux chambres à air de pneu qui me serviront d'embarcation, en attendant de me construire un radeau. Quelle joie de ne plus marcher ! De ne plus rien porter sur mon dos. Les rivières sont des inventions merveilleuses. Par contre, je ne sais pas ce que ça va donner dans les gros rapides. Je ne sais pas si je suis amusé ou si j'ai peur. Je crois que c'est les deux !

20 OCTOBRE

Chaque séjour prolongé dans la nature sauvage me donne l'impression de découvrir l'origine du monde, l'origine du vivant. Malgré la faim et la fatigue, je réalise à quel point je me sens libre, vivant et heureux en son sein. Je n'ai pas le sentiment de survivre, mais toujours de vivre pleinement.v

C'est formidable, c'est le paradis cette rivière. Des fois, j'ai peur de mourir car il y a des rapides qui sont très ambitieux. Mais sinon, il y a des animaux, tout est sauvage ici, c'est trop cool. Dire qu'il y a deux semaines je me gelais toutes les nuits. Maintenant je vis nu. La rive gauche appartient aux Népalais, la rive droite aux Indiens. J'ai le luxe de choisir le pays de mon campement selon mes caprices.

21 OCTOBRE

Ce matin, j'ai vu des traces de félin énormes juste devant mon camp. Je n'ai pas envie de me dire qu'il y a des tigres ici. Du coup, je vais dire que c'est un gros léopard qui a trop mangé. Les villageois m'avaient dit qu'il y avait plein d'animaux dangereux. Je pensais que c'était pour me faire peur et pour me dissuader de faire ce que je veux faire. Mais peut-être qu'ils avaient raison !

22 OCTOBRE

Maintenant, je fais des feux tous les soirs, car c'était bien des traces de tigre. Je vais aussi me tailler une lance pour lui enfoncer dans la gueule, au cas où il aurait envie d'une cuisse de Schonfeld.

24 OCTOBRE

Je me décide à bâtir moi-même mon embarcation et à me construire le premier radeau de ma vie. Pour ça, j'aurai besoin de plusieurs troncs d'arbres et de lianes pour fixer le tout en plus de ma corde. Toute la journée, je suis à l'ouvrage, sous le regard un peu étonné de mes cousins les singes. D'un coup, des militaires sont arrivés. J'ai cru qu'ils allaient m'arrêter, mais en fait ils ont construit le radeau à ma place !

10 NOVEMBRE

Je crois que la chance me sourit enfin après dix jours de recherche des chasseurs-cueilleurs de la tribu des Rautes. Je suis un peu stressé, c'est la dernière tribu de chasseurs-cueilleurs d'Asie, et l'une des dernières du monde. Ce n'est pas comme si j'allais rendre visite à ma belle tante !

↑ Encordé avec Robert.

« Je m'adapte au sauvage, je m'y intègre, j'en fais partie, je ne le vois plus comme un ennemi. »

Je suis partagé entre l'émerveillement et la tristesse. La déforestation et la modernité dévorent chaque jour un peu plus leur terrain. Les animaux et les plantes disparaissent, condamnant les chasseurs-cueilleurs du monde entier à disparaître aussi.

15 NOVEMBRE
Les rencontres de ces derniers mois m'ont bouleversé. Les nomades tibétains, les bergers de l'Himalaya, les villageois des collines népalaises... Moi aussi j'ai envie de tout créer à partir de rien. Alors, je me suis décidé. Je me construis un nouveau sac à dos, mais en bambou cette fois. Il faut que je me muscle le cou pour réussir à porter mon sac, mais ça fonctionne bien, et ça fait bien rire les Népalais.

30 NOVEMBRE
En arrivant à Dunai, la famille qui m'accueille m'offre deux peaux de chèvre. Je décide de m'en faire une veste qui me fera aussi office de duvet. J'en suis vraiment très content, elle est chaude et waterproof. Je me prends un peu pour un chevalier, je me prends pour Lancelot. Mais à la différence de Lancelot qui est toujours très propre et qui sent très bon, ça pue la chèvre ! Ça pue la chèvre morte, ce qui est pire que la chèvre normale. Il y a même une femme népalaise qui m'a fait la remarque. Alors, pour qu'une odeur incommode une femme népalaise de la région de Dolpa, il faut vraiment y aller ! J'ai l'impression qu'il y a un barbecue pas très frais qui me suit en permanence.

1ER DÉCEMBRE
De nouveau seul dans les montagnes, je repense au début de l'expédition, quand tout me faisait peur, quand tout me paraissait hostile. Je l'ai ressenti de jour en jour, de semaine en semaine. Je m'adapte au sauvage, je m'y intègre, j'en fais partie, je ne le vois plus comme un ennemi. Avec mes maigres réserves de nourriture, un confort envolé et un temps rythmé par le bruit de mes pas depuis quatre mois, je me demande si la civilisation me manque. Mais je réalise qu'à part les êtres aimés, je me contente du monde tel qu'il est.

5 DÉCEMBRE
Je me sens métamorphosé. Je sors de ma petite cabane en bois et en pierre. J'éteins le feu allumé par friction. Mon sac en bambou sur le dos, ma peau de chèvre sur les épaules, mon bambou à feu dans la main droite.

6 DÉCEMBRE
Je suis face au lac Phoksundo. J'ai pris ma décision. C'est ici que se terminera mon expédition. Katmandou est encore à 300 kilomètres, mais l'hiver s'installe, et je ne trouverai pas de lieu aussi beau pour achever mon voyage. Il n'y a plus que le lac, moi, et la nature sauvage de l'Himalaya. Cette nature que j'aime bien plus que tout ce qu'on fabrique en la détruisant. ◊

Crédits photographiques

Pages de garde : Montagne en scène
Préambule : Montagne en scène
Préface : Montagne en scène

Ski de pente raide
Ouverture : Christian Pondella (p. 12) • **Marco Siffredi :** René Robert (p. 14, p. 17) • **Vivian Bruchez :** Kilian Jornet (p. 20, pp. 22-23, pp. 24-25), Sébastien Montaz-Rosset (p. 23) • **La liste de Jérémie Heitz :** Tero Repo (p. 26) • **Zabardast :** Jérôme Tanon (p. 28 à p. 33) • **Les vagabonds du Logan :** Thomas Delfino (p. 36), Hélias Millerioux (p. 34) • **Tiphaine & Boris :** Eric Crosland/Red Bull Content Pool (p. 47), Boris Langenstein (p. 38 à p. 46).

Alpinisme
Ouverture : Viacheslav Polezhaiko (p. 48) • **Liv Along the Way :** Ben Tibbetts (p. 50 à p. 55) • **Kilian Jornet :** Sébastien Montaz-Rosset (p. 57), Cyril Salomon (p. 58) • **Charles Dubouloz :** Sébastien Montaz-Rosset (p. 60 à p. 65) • **À l'ombre du Chamlang :** Charles Dubouloz et Benjamin Védrines (p. 68 à p. 73) • **Meru :** Jimmy Chin (p. 74, p. 79), Renan Ozturk (pp. 76-77) • **Seb Montaz :** Vivian Bruchez (p. 80) • **Hivernales :** Denis Urubko (pp. 82-83, pp. 86-87). • **On ne marche qu'une fois sur la lune :** Jocelyn Chavy (p. 93b), Stéphane Benoist et Yannick Graziani (p. 88 à p. 92, p. 93h, pp. 94-95) • **Riso Patron :** Lise Billon (p. 96 à pp. 102-103).

Escalade
Ouverture : collection Arnaud Petit (p. 104) • **Patrick Edlinger :** Robert Exertier (p. 106, p. 109), Jean-Paul Janssen/La Vie au bout des doigts (p. 107, p. 108, p. 110) • **La Dura Dura :** Tim Banfield (p. 114, p. 115), Corey Rich (pp. 116-117), Boone Speed (p. 112h), Bernardo Gimenez (p. 112b) • **Girl Power :** Jocelyn Chavy (p. 121), Luka Leroy/MES (p. 119), Jan Novak (p. 118, p. 120, p. 123) • **David Lama :** Lincoln Else/Red Bull Content Pool (p. 127), Sean Haverstock/Red Bull Content Pool (pp. 128-129), Corey Rich (p. 124) • **Alex Honnold :** Jimmy Chin (p. 130, p. 133, pp. 134-135) • **Sean Villanueva et Nicolas Favresse :** Nicolas Favresse (p. 140b, p. 142b, p. 143), Evrard Wendenbaum (pp. 136-137, p. 138, p. 139, p. 140h, p. 141), Jean-Louis Wertz (p. 144, p. 145, pp. 146-147).

Dans les airs
Ouverture : Antoine Girard et Damien Lacaze (p. 148) • **Révolution parapente :** Julien Irrili (p. 150), Antoine Girard et Damien Lacaze (p. 151, p. 152, p. 153, pp. 154-155) • **Flying Frenchies :** Sébastien Montaz-Rosset (p. 156 à pp. 160-161).

Voyage au long cours
Ouverture : Cyril Salomon (p. 162) • **Chamonix-Zermatt express :** Ben Tibbetts (pp. 164-165 à pp. 168-169) • **Dod Tour :** Lionel Daudet (p. 170 à pp. 174-175) • **The Great Alone :** Greatalone (p. 177, pp. 178-179) • **Blutch :** Nicolas Alliot (p. 180 à p. 183, p. 185) • **Eliott Schonfeld :** Cyril Salomon (p. 188), Eliott Schonfeld (p. 187, p. 190).

Photographie de couverture © Ben Tibbetts
Quatrième de couverture © Montagne en Scène

Conception graphique et mise en pages Silence

Prépresse et fabrication Glénat Production (Grenoble)

Couvent Sainte-Cécile
37, rue Servan – 38000 Grenoble
www.glenat.com

ISBN : 978-2-344-05641-7
Dépôt légal : octobre 2023
Achevé d'imprimer en Espagne en octobre 2023 par Indice SL,
sur papier provenant de forêts gérées de manière durable.

Certifié PEFC
Ce produit est issu de forêts gérées durablement et de sources contrôlées
PEFC
PEFC/14-38-00202
www.pefc-france.org

« J'ai adoré *Ce qui compte*, qui m'a encore plus conforté dans mon envie de refaire le GR 20, mais en mode trail cette fois-ci. »

« J'ai été marquée par le film *La Traversée* de Valentine et Hillary. C'e un documentaire telleme émouvant, impressionna et inspirant pour toute les femmes sportives.. C'est donc mon gros pro de cet hiver avec mes an skieurs. J'ai très hâte de vivre l'aventure qu'ell ont vécue ! » Margaux

« Merci pour le plaisir et les papillons que vous procurez à chaque édition de Montagne en Scène. » Franck